Ottmar Fuchs

Ämter für eine Kirche der Zukunft

Ein Diskussionsanstoß

EDITION EXODUS
Luzern 1993

Redaktion: Felix Senn

Umschlag:
Bernard Schlup (Gestaltung)
Trans Form AG, Bern (Satz) / Graphix, Bern (Lithos)

Satz: atelier hupa, CH-4312 Magden
Druck: Fuldaer Verlagsanstalt, Fulda

ISBN 3-905575-76-0

Vorwort

Das Bild der gebrochenen Tiara: anstößig vielleicht, weil Gebrochenes als zerstört gilt. Davon aber soll hier keine Rede sein. Im Gegenteil: Der Bruch der Tiara, dieses hoheitlichen Bildes für das kirchliche Amt, symbolisiert Notwendiges, gerade nicht Destruktives. Als Analogiebilder kommen mir: der geteilte Mantel des hl. Martin, das gebrochene Brot derer, die teilen können, und nicht zuletzt das Bild des Gottes, der in die Geschichte hinabsteigt und den «besten Teil» seines Wesens in Jesus auf die Erde wirft und mit den Menschen teilt.

Daß das kirchliche Amt seine dementsprechenden «Abstiegschancen» wahrnimmt, darum geht es in diesem Buch: daß es sich brechen läßt in zwei Teile, in den gottbezogenen des Glaubens und der Verkündigung und in den menschenbezogenen der Barmherzigkeit und Gerechtigkeit. Der zweite Anteil hat einen Zug in die Tiefe menschlicher Armut und Bedrückung. Zwei Schlüssel gibt es auf dem Weg, wenn man im Bild bleiben will, zum Reiche Gottes, einmal den Glauben (an die Liebe Gottes) und zum anderen die Liebe (im Glauben an die Menschen).

Ich habe keine Angst, daß die gebrochenen Teile auseinander fallen, denn sie – die Martyria und die Diakonia – brauchen sich in der gemeinsamen Gestalt gegenseitig, um immer wieder neu für die Welt gebrochen zu werden. Denn, was sich in der Menschenliebe erniedrigt hat, wird auch immer wieder erhöht werden in der Liebe Gottes. So bewegen sie sich nicht nur voneinander weg, sondern auch aufeinander zu, im ständigen Austausch dieser gegensätzlichen Bewegungen. Das kirchliche Amt wird diese Sinnbestimmung christlicher Existenz auf sich selbst zu beziehen haben, oder es hat nicht mehr viel mit der Kirche Christi zu tun.

Gewöhnlich kümmern sich TheologInnen aus exegetischen und

systematischen Disziplinen um dieses Thema. PastoraltheologInnen schreiben viel über die Gemeinde und wenig über das Amt.

Gründlich wettgemacht wird dieser Mangel wiederum durch einen Gutteil kirchenamtlicher Texte, die gerne – neuerdings in der raffinierten Verpackung des Communio-Anliegens – die exklusive Autorität der Amtsträger für die (dann wohl zentralistisch aufzufassende) Einheit der Kirche einschärfen. Das kirchliche Amt steht in Gefahr, zwar auf der Behauptungsebene an Wichtigkeit zuzunehmen, in Wirklichkeit aber nimmt es ab: nicht nur an Zahl, sondern vor allem auch an Lebenskontakt und Berufszufriedenheit, jedenfalls hierzulande. Daran wird sich nur etwas ändern können, wenn wir visionär, kreativ und hoffnungsvoll über die Grenzen hinausschauen und stellenweise auch hinausgehen.

Die folgenden Ausführungen wissen sich einem solchen Aufbruch verpflichtet, als Denkanstoß für alle Beteiligten, ob im Volk oder im Amt, die diesbezüglich neue gemeinsame Wege suchen.

Von verschiedenen Seiten her habe ich mich diesem Thema angenähert, was es mit sich brachte, daß manchmal Ähnliches aus anderer Perspektive in neuer Formulierung zu wiederholen war. Daß sich hier ein praktischer Theologe zu diesem Thema äußert, darf auch als Einladung an die PraktikerInnen verstanden werden, dieses Thema in die eigene Hand zu nehmen und nicht nur in der Diskussion, sondern auch in der Praxis entsprechend weiterzuführen.

Ich verdanke viel der kritischen Auseinandersetzung mit den StudentInnen an der Theologischen Fakultät in Bamberg. Auch mit meinen beiden wissenschaftlichen Mitarbeiterinnen Frau Barbara Körber-Hübschmann und Frau Doris Nauer gab es intensive, zum Teil heftige Diskussionen. Herzlich danke ich auch meiner Mitarbeiterin Frau Gertrud Böhnlein für die kundige Arbeit am Computer.

Bamberg, im Februar 1993   Ottmar Fuchs

Inhalt

I
Einleitung: Sieben Vergewisserungen zum Selbstvollzug der Kirche

1. Jesus redet nicht von Gott, ohne gleichzeitig zu heilen und solidarisch zu handeln.
2. Das II. Vatikanische Konzil stellt die Einheit von Glauben und Leben, von Lehre und Praxis, ins Zentrum seiner Aussagen.
3. Das Konzil sieht jeden getauften Menschen als berufenen Zeugen in Kirche und Gesellschaft.
4. Das lehramtliche Verständnis von Evangelisierung meint: Verkündigung in Wort und Tat als Gabe und Aufgabe des gesamten Volkes Gottes.
5. Die Spannung zwischen Glauben und Handeln ist ein Problem aller ChristInnen und zugleich auch der Kirche.
6. Was notwendig ist, erfahren ChristInnen von denen, die in Not sind. Von den Betroffenen her und mit ihnen ist christliche Praxis zu bestimmen.
7. Es gibt Menschen, die mit Gott zu tun haben, jedoch nicht oder wenig davon reden. Auch diesen gehört der Würdetitel «Kirche».

1. Jesus redet nicht von Gott, ohne gleichzeitig zu heilen und solidarisch zu handeln.

Damit steht er in der Tradition der Propheten[1] in Israel, die einklagten, daß die Menschen handeln sollten, wie Gott an ihnen gehandelt hat, nämlich: indem sie sich für die Gerechtigkeit aller

---

1   Vgl. H. Donner, Die soziale Botschaft der Propheten im Lichte der Gesellschaftsordnung in Israel, in: P. H. A. Neumann (Hrsg.), Das Prophetenverständnis in der deutschen Forschung seit Heinrich Ewald, Darmstadt 1979, 493-514.

9

und für die Barmherzigkeit allen gegenüber einsetzen und nicht durch religiöses Gerede Ungerechtigkeit und Gnadenlosigkeit zudecken.

Orientieren sich die Bedeutung und die Wirklichkeit der Kirche tatsächlich an ihrem Vorbild, an Jesus Christus, dann kann ihre Menschensorge nur ganzheitlich verstanden werden, d.h. nicht nur als Sorge um die menschliche Seele, sondern auch als Sorge um seinen körperlichen und sozialen Leib. Dafür stehen die Heilungswunder Jesu und seine massive Kritik an denen, die die Kleinen und Leidtragenden aus der Gemeinschaft oder Gesellschaft aussperren. Die kirchliche Praxis wird deshalb, bevor sie christliches Handeln fordert, dieses ermöglichen müssen und damit vor die Anforderung den Zuspruch und vor das Gesetz die Gnade stellen.

Die Kirche nimmt dann Maß am Handeln Gottes, der die SünderInnen in seiner Versöhnungsbereitschaft annimmt, damit sie sich aus diesem Geschenk der Liebe heraus verändern *können*. Wenn ChristInnen so ihre Rede von Gott an ihr eigenes barmherziges und gerechtes Handeln binden, erfahren die Menschen diese Rede nicht mehr als Indoktrination, sondern als Befreiung.

2. Das II. Vatikanum stellt die Einheit von Glauben und Leben, von Lehre und Praxis, ins Zentrum seiner Aussagen.

Diese Weichenstellung erfolgte bereits in der Liturgiekonstitution, dem ersten Dokument des Konzils: Die «tätige Teilhabe» aller Beteiligten gehört zur liturgischen Feier dazu. Das Konzil fragt also nicht nur danach, was in der Heiligen Messe objektiv geschieht, sondern danach, inwieweit der liturgische Vorgang selbst es dem Gläubigen ermöglicht, das objektive Geschehen subjektiv wahrzunehmen und zu erleben. Was die Kirche als Lehre über die Eucharistiefeier in ihrem Glauben weiß, wird nun in seinem Bezug zur Erfahrung der Gläubigen thematisiert: deshalb die Einführung der Muttersprache und der Ausbau des Wortgottesdienstes. Alle weiteren Dokumente des Konzils sind von dem gleichen Anliegen beseelt: Wie die Liturgie mit der Erfahrung der Gläubigen zu tun haben muß, so dürfen und müssen insgesamt die als Erlösung behaupteten Lehren der Kirche für die realen Menschen in ihrer Situation und Zeit als Befreiung erfahrbar sein. Deshalb spielen auch die «Zeichen der Zeit» für die Erfahrung und die Praxis des Evangeliums eine so ausschlaggebende Rolle.[2] So fragt die Pastoralkonstitution danach, wie das Selbstbewußtsein der Kirche, Sakrament des Heiles für die Welt zu sein, nicht nur behauptet, sondern auch als heilende und befreiende Wirklichkeit für alle Menschen erfahrbar ist, und die Offenbarungskonstitution geht davon aus, daß die biblischen Verfasser das, was Gott durch sie gesagt hat, durch ihre eigenen Erfahrungen und nicht ohne sie gesagt hat. Deshalb begegnen uns gerade in der Bibel so viele Autoren mit durchaus unterschiedlichen und zueinander in Spannung stehenden Glaubenserfahrungen. Schon die Offenbarung gibt es nicht ohne Pluralität!

3. Das Konzil sieht jeden getauften Menschen als berufenen Zeugen in Kirche und Gesellschaft.

In erstaunlicher Weise stellen die Texte des II. Vatikanums die Berufung jedes Menschen und die Bedeutung des Gottesvolkes heraus.[3] Es «entmonopolisiert» den Berufungsbegriff, der bislang vornehmlich den Priestern und Ordensleuten vorbehalten war, und legt ihn auf alle getauften und gefirmten ChristInnen aus. Am Beispiel des Firmsakramentes läßt sich dieser Tatbestand verdeutlichen. Wenn nach kirchlicher Lehre im Sakrament der Firmung dem/r einzelnen der Geist Gottes zugesagt ist, dann darf und muß danach gefragt werden, innerhalb welcher Realität der Kirche diese Lehre Wirklichkeit gewinnt und kommunikativ eingelöst wird. Wenn ChristInnen nicht nur argumentativ oder bekenntnishaft, sondern *konkret* daran glauben, daß jede/r Getaufte und Gefirmte den Geist Gottes hat, dann verändert sich sowohl die Einstellung der ChristInnen zueinander als auch der kirchlichen Amtsträger gegenüber den «Laien».

Es geht für die einzelnen nicht nur darum, die kirchliche Lehre *über* das Sakrament der Firmung für wahr zu halten, vielmehr macht

---

2 Vgl. dazu E. Klinger, Der Glaube des Konzils. Ein dogmatischer Fortschritt, in: ders./K. Wittstadt (Hrsg.), Glaube im Prozeß, Christsein nach dem II. Vatikanum (FS für Karl Rahner), Freiburg i. B. 1984, 615-627.

3 Vgl. dazu E. Klinger, Der Glaube an den Menschen - eine dogmatische Aufgabe, in: Theologie und Glaube 78 (1985) 229-238.

es erst den ganzheitlichen Glauben an die Wirkung des Gottesgeistes aus, wenn an seine bzw. ihre *konkrete* Gegebenheit im *konkreten* Menschen geglaubt wird. Sonst wird der Gnade Gottes, die im Sakrament auf die Menschen zukommt, gerade an der Stelle der Riegel vorgeschoben, wo sie sich in gegenseitiger Anerkennung und Befreiung entfalten könnte.

4. Das lehramtliche Verständnis von Evangelisierung meint: Verkündigung in Wort und Tat als Gabe und Aufgabe des gesamten Volkes Gottes.

Das Gottesvolk wächst in seiner evangelisierenden Qualität, wenn ChristInnen mit ihren unterschiedlichen Charismen einander gleichberechtigt begegnen. Paul VI. nimmt in «Evangelii nuntiandi»[4] entscheidende theologische Ansätze des II. Vatikanums auf, wenn er davon spricht, daß die unterschiedlichen Berufungen der Gläubigen «den Reichtum und die Schönheit der Evangelisierung ausmachen» (Nr. 66). Es fällt uns immer wieder schwer, unsere gegenseitige Unterschiedlichkeit als Reichtum zu begreifen und Freude an der Pluralität zu entwickeln. Im Grunde wurzelt die Angst vor dem Anderssein des anderen in dem mangelnden Glauben an die Universalität Gottes, der aller Menschen «Vater» ist, in dem alle Gegensätze «aufgehoben» sind und auch einmal «zusammenfallen» werden. Die Manifestation seines Geistes in den geistbegabten getauften und gefirmten Menschen kann nicht uniform sein, weil dies mit seiner unendlichen Kreativität in keiner Weise in Einklang zu bringen wäre.

Die Einheit dieser Vielfalt ist in Gott selbst gerettet und muß nicht mit restriktiven Maßnahmen «gemacht» werden. Karl Rahner trifft den Nagel auf den Kopf: «Die Kirche ist eine Kirche des Geistes des unendlichen und unbegreiflichen Gottes, dessen selige Einheit in dieser Welt sich nur gebrochen in vielem Verschiedenen spiegeln kann, deren letzte befriedigte Einheit nur Gott selbst und sonst nichts ist.»[5]

---

4   Vgl. Paul VI. im Apostolischen Schreiben «Evangelii nuntiandi« vom 8.12.1975. Weiteres zum Verständnis des Evangelisierungsbegriffes s.u. Kap. II/2.

5   K. Rahner, Rede des Ignatius von Loyola an einen Jesuiten von heute, in:

Mit der Pluralität freilich steht es innerhalb der Kirche nicht selten ähnlich wie mit dem «schwarzen Mann» in dem bekannten Kinderspiel: «Wer fürchtet sich vor'm schwarzen Mann?» «Niemand!» – «Wenn er aber kommt?» – «Dann laufen wir (davon)!» – In den Texten der Kirche wie auch in vielen Verlautbarungen kirchlicher Amtsträger erfolgen immer wieder Beteuerungen, daß in der Kirche Vielfalt gewünscht sei; wenn sie aber tatsächlich kommt, reagiert man defensiv und fluchtartig, indem man entweder selbst flieht oder die Vertreter der Pluralität in die Flucht schlägt. Demgegenüber gilt: ChristInnen sind nicht deswegen zur Einheit der Kirche berufen, weil sie einer Meinung sein müßten, sondern weil sie einen Gott haben, was bedeutet, *daß* Christ und Christin mit Gott eine unverwechselbare eigene Beziehungsgeschichte haben, deren Austausch mit den Geschichten anderer tatsächlich den Reichtum der Kirche ausmacht.

5. Die Spannung zwischen Glauben und Handeln ist ein Problem aller ChristInnen und zugleich auch der Kirche.

Deswegen begeben sich ChristInnen immer wieder auf den Weg der Umkehr und suchen Orte im eigenen Leben wie im Leben der Kirche, wo Glaube und Handeln zusammenkommen. Dafür sind Entscheidungen notwendig: von einzelnen, Gemeinden, Diözesen und Erdteilkirchen. Solche «Optionen» trennen zwischen beliebigmöglichem und not-wendendem Handeln.

Angesichts begrenzter Kräfte, Zeit und Möglichkeiten sind immer wieder Entscheidungen nötig, durch die ChristInnen und Kirchen wahrnehmbar Glaube und Handeln zugunsten der Erfahrbarkeit des Reiches Gottes in dieser Welt verbinden. So entscheidet sich z. B. der soziale Arbeitskreis einer Pfarrei hinsichtlich des Zuzugs von Asylbewerbern und Aussiedlern dafür, sich mit deren Problemen zu beschäftigen und die Gemeinde für helfendes und befreiendes Handeln auf diesem Gebiet zu motivieren und zu gewinnen. Vielleicht wird diese Frage dann für eine gewisse Zeit zum Schwerpunkt dieser Gemeinde.

ders./P. Imhof/H.N. Loose, Ignatius von Loyola, Freiburg i. B. 1978, 10-38, hier 28.

Die Verbindung von Glaube und Handeln wird vornehmlich dort die Phantasie und den Mut der ChristInnen herausfordern, wo Menschen die Befreiung von Not, Armut, Unterdrückung und Ausgrenzung bitter nötig haben. Wer sich angesichts solcher Verhältnisse heraushält, hält sich auch aus der buchstäblich notwendigen Evangelisierung heraus. Der Optionsbegriff hat also einiges mit dem zu tun, was in der herkömmlichen Bußpastoral unter dem Stichwort der Unterlassungssünde ins Bewußtsein gehoben werden soll. Wer alles mögliche «Gute» tut, kann durchaus schuldig werden, wenn er das Notwendige übersieht! Gerade hier sind wir ChristInnen immer wieder auf die Versöhnung mit Gott angewiesen.

Jede Option formuliert zwar einen Imperativ, aber keinen totalitären der Überforderung durch einen «ethischen Gotteskomplex», sondern einen durch die eigenen Möglichkeiten (Charismen) begrenzten Imperativ, der sich allerdings auf etwas Entscheidendes bezieht. Jenseits jeder Resignation glauben ChristInnen daran, daß Gott selbst das Reich in seiner Fülle und Vollendung bringen wird. Vieles ist vielleicht nur ein Tropfen auf den heißen Stein: aber *daß* dieser Tropfen fällt, ist das Entscheidende! Und manchmal, so sagt ein afrikanisches Sprichwort, ist der erste Tropfen der Vorbote des Regens.

6. Was notwendig ist, erfahren ChristInnen von denen, die in Not sind. Von den Betroffenen her und mit ihnen ist christliche Praxis zu bestimmen.

Wer in solcher Begegnung Zeugnis vom Evangelium gibt, der gibt nicht nur, sondern der empfängt das Zeugnis derer, auf deren Seite Gott steht, nämlich der Armen.

Jesus stellt ein Kind in die Mitte, nicht um es zu indoktrinieren oder um es nur zum Empfänger einer Hilfeleistung zu machen, sondern um die sogenannten Erwachsenen darauf hinzuweisen, daß sie gerade von denen lernen können, wie man das Evangelium annimmt, denen sie selbst diese Kompetenz absprechen (vgl. Mt 19, 13-14 bzw. Mk 9, 36 und 10, 15). Den «Kleinen» ist also nicht nur zu helfen, sondern von ihnen ist Entscheidendes zu erwarten. In diesem Sinn begegnet uns gerade in den Menschen, die Barmherzigkeit und Gerechtigkeit bitter nötig haben, der Christus, der im Weltgericht fragen wird, ob wir ihn als Hungernden, Fremden, Kranken ernst genommen haben (vgl. Mt 25, 31-46). So verliert sich jene falsche Fürsorglichkeit, die zu wissen vorgibt, was Bedürftige brauchen, ohne letztere selbst zu fragen, was eine ebenso subtile wie wirksame Form der Herrschaftsausübung ist.

Wer von den Armen her die Wirklichkeit begreift und sich die «Zeichen der Zeit» interpretieren läßt, gerät leicht unter den Vorwurf, er lasse die Reichen aus dem Spiel. Genau das Gegenteil ist der Fall! Kardinal Arns hat dies in einem Vortrag einmal so formuliert: «Selbstverständlich gehe ich auch zu den Reichen, aber ich komme zu diesen, nachdem ich bei den Armen war. Ich besuche die Reichen von den Armen her!» Die Option für die Armen verhindert, daß Arme und Reiche unterschiedslos in einen Topf geworfen werden, als ob über deren Situation hinweg die Verkündigung des Evangeliums «laufen» könnte. Die Option sondert die Reichen nicht aus, sondern präzisiert ihren Stellenwert in dem realen Beziehungsgefüge und damit deren Aufgabe innerhalb einer Evangelisierung, in der entsprechend dem Magnifikat die Niedrigen erhöht und die Armen mit Gütern gesegnet werden.

So handelt es sich nicht um eine Option «gegen» die Reichen, sondern gerade diese Option für die Armen kümmert sich realistisch um sie. Denn die Botschaft erreicht sie selbst gemäß der spezifischen Rolle, die sie im Beziehungsgeflecht realer Verhältnisse einnehmen. Wer diese Verhältnisse aus der Bekehrung heraushalten will, hält auch die Evangelisierung aus den sozialen Verhältnissen und ihrer Geschichte heraus und reduziert sie nur noch auf das praxisbeliebige Wort.

7. Es gibt Menschen, die mit Gott zu tun haben, jedoch nicht oder wenig davon reden. Auch diesen gehört der Würdetitel «Kirche».

Sie sind zu ermutigen, ihre eigene «Theologie», nämlich die Rede von und mit Gott, zu entwickeln. Keiner kann alles reden oder tun, alle werden sich ergänzen müssen. Um es etwas plakativ anzudeuten: Es gibt eine tiefe Spannung zwischen den sogenannten «Sozial-ChristInnen» und den sogenannten «Glaubens-ChristInnen». Die ersteren werden von den letzteren als «Nur»-Humanisten- und -Sozialengagierte bezeichnet, während die letzteren von den ersteren nicht selten als weltanschauliche Ideologen angesehen werden, vor deren Sanktionen und Indoktrination man auf der Hut sein muß. Um der Einheit in der Evangelisierung, nämlich um der Einheit von Wort und Tat willen, ist zu einem fairen Umgang miteinander in gegenseitiger Anerkennung und Hochschätzung zu ermutigen! Beiden Gruppierungen fehlt nicht zuerst etwas, sondern sie *haben* etwas, zusammen machen sie die Identität der Kirche aus. Beide sollen sich auf den Weg machen, die Fähigkeiten der anderen bei sich selbst als Mangel zu entdecken und von daher die eigene Ergänzungsbedürftigkeit durch die anderen einzusehen.

Erst bei solcher wechselseitiger Anerkennung können Begegnungen aufgebaut werden, in denen voneinander auch das gelernt und angenommen wird, was man selbst nicht oder zuwenig hat. Vor allem diejenigen, die den Glauben «gepachtet» zu haben meinen, seien zur Hochschätzung der anderen auf das Gleichnis von den zwei ungleichen Söhnen verwiesen (Mt 21, 28-31): Der eine Sohn sagt ja und geht nicht in den Weinberg, während der andere nein sagt, aber doch hingeht; letzterer «hat den Willen des Vaters getan!»

Umgekehrt sind alle diejenigen, die sich mit Armen, Unterdrückten, Kranken und Fremden solidarisieren und sich für sie einsetzen, zu dem Selbstbewußtsein zu ermutigen, daß sie unmittelbar mit der Praxis Jesu zu *tun* haben. Seine Heilungs- und Befreiungsgeschichten sind *ihre* Geschichten, und zwar um so mehr, als sie mit deren Hilfe ebenso zögerlich wie klärend wieder neu lernen, von dem Gott zu reden, der sich mit den Leidenden *solidarisiert* und der sich mit den *Solidarischen* in Jesus auf eine Stufe stellt. Seine Auferweckung durch Gott gibt uns Hoffnung für jetzt, für die Zukunft und über den Tod hinaus.

Erst von Erfahrungen erlebter und gegebener Barmherzigkeit und Gerechtigkeit her bzw. wenigstens von der Sehnsucht danach erschließt sich das Evangelium als heilender und befreiender Weg zur annähernden Verwirklichung des Reiches Gottes in unserer Geschichte. In solcher Verwirklichung sucht Gott die Leidenden und die Befreienden und geht mit ihnen bis in die äußerste Ausweglosigkeit. Allein so kommt die Rede von Gott als Befreiung und nicht als Unterdrückung bei den Menschen an. Wer so Zeugnis gibt, handelt nicht nur wie Jesus, sondern in ihm/r lebt und handelt Christus selbst in der Geschichte.

Wenn die Kirche den Weg der (Selbst)-Evangelisierung geht,

dann wird sie kaum mehr von falscher Seite Beifall, Bestätigung und Machtzuspruch erhalten; jedoch wird sie bei den Menschen «ankommen», die sich nach Gerechtigkeit und Barmherzigkeit sehnen. Für Menschen, die in ihrem Leben Liebe und Freiheit zu verwirklichen suchen, wird die Rede von einem Gott, der an ihrer Seite bleibt und sie durch Enttäuschungen und Erfolglosigkeiten hindurch begleitet, zur unentbehrlichen Lebenshilfe werden. So gilt es: daß wir und unsere Kirchen ZeugInnen des Evangeliums in Wort und Tat werden und auf diese Weise die Frohe Botschaft nicht nur unüberhörbar, sondern auch unübersehbar und damit «unüberfahrbar» machen.

II
Kirchliches Amt für welche Kirche?

In Zeiten der Härte gedeihen nicht nur die harten Reden, sondern auch die Lieder gegen die Verhärtung, wie etwa das Lied von Wolf Biermann: «Laßt euch nicht verhärten in dieser harten Zeit ...!» In Zeiten massiver Gehverbote über höchst eng gezogene Grenzen hinaus blüht nicht nur die Krämerseele auf, welche sich vereins- oder konzernloyal einrichtet, sondern auch die visionäre Energie eines Psalms 126 («Wir sind wie Träumende»)[6], die neue Möglichkeiten in den Blick bringt. In der kirchlichen Amtspraxis wie auch Amtstheologie ist gegenwärtig ebenfalls vieles verhärtet und festgefahren, wie auch gerade jene sensiblen Stellen der kirchlichen Amtsstruktur kirchenoffiziell der Diskussion entzogen sind, über deren Status quo hinaus erst die notwendige Verbindung mit den Bedürfnissen vitaler Kirchenbildung und ihrer geschichtlichen Verortung in der gesellschaftlichen Situation aufgenommen werden könnte.

«Träumt» man/frau aber einmal über die sanktionierten Markierungen hinaus und leistet sich auch gegenwärtig eine hoffentlich in die Zukunft scheinende Vision vom kirchlichen Amt, dann formen sich Vorstellungen, deren Verwirklichung man/frau sich für die Kirche und für ihren Weltbezug schier mit der süchtigen Sehnsucht eines/r Träumenden wünscht.

In einer Zeit, wo man in der Verwaltungspastoral hierzulande – nur um weit weniger bedeutsame Zulassungsbedingungen zum Amt aufrecht zu erhalten, wie besonders den Zölibat und den Ausschluß der Frauen – höchst gewichtige «alte» katholisch dogmatische Grundpositionen (besonders hinsichtlich des Verhältnisses von Sakrament und Wirklichkeit) praktisch außer Kraft setzt (wie etwa in der «pragmatischen» Lösung priesterloser Wortgottesdienste am Sonntag, in der faktischen Gemeindeleitung von Hauptamtli-

---

6   Vgl. W. Beyerlin, «Wir sind wie Träumende». Studium zum 126. Psalm, Stuttgart 1978.

chen ohne Ordo- und Eucharistiekompetenz, in der amtlichen Ausdünnung der sog. Sonderseelsorgsbereiche und in vielem anderen) und sich dabei auf fragwürdige «theologische» Kompromisse einläßt, scheint es mir höchst bedeutsam zu sein, sich noch eine positive Vision vom kirchlichen Amt zu leisten und es nicht mit defensiven, immer skurrileren «theologischen» Purzelbäumen vom realen Leben der Kirche wegzuamputieren, weil man nicht den Mut hat, die Amtszulassungen und -profile mit der lebendigen Wirklichkeit variabel genug in Verbindung zu bringen.

1. «Zeichenhafte Lebensform» im Plural

Meine «Vision» eines künftigen Amtes ist also jenseits der bisher geltenden disziplinären Zulassungsbestimmungen zum Amt angesiedelt und bezieht sich strikt auf Frauen und Männer, Verheiratete und Unverheiratete, die allein aufgrund ihrer Berufung zu den darzustellenden Wesensaufgaben des Ordo und aufgrund ihrer Tätigkeit darin zum Amt zugelassen werden. Auch die Herausbildungsvorgänge zum Amt und die Form dieser Zulassungsentscheidungen müßten selbstverständlich kollegial und unter Mitspracherecht aller Beteiligten entspreched gestaltet werden. Der Ausschluß Verheirateter und der Ausschluß von Frauen hat aus dieser ekklesiologischen Perspektive (was die zu klärende Sendung der Kirche anbelangt) absolut keinen inhaltlichen Kriterienwert für die Zulassung zum Amt mehr: Sie sind mehr als obsolet, nämlich irreführend und blockierend.[7]

Erst wenn dieser *neue* Kontext eines künftigen Amtes klar ist, sind die folgenden Ausführungen nicht als raffinierte reaktionäre Legitimation und Stabilisierung der bestehenden Amtsverhältnisse zu verstehen!

Damit sei nicht in Abrede gestellt, daß der «spezifische Zeichenwert» des hier vorgeschlagenen priesterlichen Dienstes in Diakonie und im Presbyteramt mit einer Lebensform einhergeht, die auch im persönlichen Bereich ein eschatologisches Zeichen setzt. Auch

---

7   Vgl. dazu K. Rahner, In Sorge um die Kirche (Schriften zur Theologie 14), Zürich, Einsiedeln, Köln 208-223, auch 127, wo davon die Rede ist, daß es nicht ausgeschlossen sei, daß man der altkirchlichen Diakonissenweihe sakramentalen Charakter zuerkennen könne.

ist es der Kirche nicht benommen, von Fall zu Fall solche Zeichen in ihrer Disziplin bezüglich des kirchlichen Amtes einzufordern, und zwar insbesondere im Kontext der «Zeichen der Zeit», die entsprechende Lebensformen als Kontrastzeichen oder als Solidaritätszeichen provozieren.

Der Zölibat ist durchaus ein solches Zeichen und kann es auch weiterhin sein, muß es aber nicht, vor allem nicht exklusiv. Ohne den vielen Priestern nahezutreten, die ihren Zölibat tatsächlich so leben, daß diese Lebensform sie für eine besondere Sensibilität und Solidarität mit Menschen und insbesondere mit Bedrängten und Armen freimacht, darf man doch auch sagen: In vielen Fällen hat der Zölibat eine Verbürgerlichung des Klerus ganz und gar nicht verhindern können, sondern eher als entsprechende Kompensation herausgefordert. Dies bezieht sich sowohl auf den Lebensstil, wie auch auf die politische Einstellung und nicht zuletzt auf einschlägige Konsumanfälligkeiten.

Wer heutzutage eine christliche Ehe führen will, setzt angesichts der hohen Zahl von Ehescheidungen mindestens genauso kontrastiv ein Zeichen gegen allzu schnelle Treueaufkündigung und mangelnde Ausdauer in Beziehungen wie der zölibatär lebende Priester (zumal das Alleinleben – von 12 Millionen BundesbürgerInnen – in der Gesellschaft ohnehin Konjunktur hat). Und wer (mit oder ohne Familie) in besonderer Weise einen Lebensstil relativer Armut (z.B. im Konsum- oder Karriereverzicht) wählt, setzt in seiner Lebensform ein eschatologisches Zeichen gegen die Kapitalisierung und Prestigeorientierung vieler Lebensbereiche. Und wer eine radikal ökologische Lebensform wählt, setzt ebenfalls ein eschatologisches Zeichen für die Bewahrung der Schöpfung.

Der Kreativität von Lebensformen, die eschatologischen Zeichencharakter haben, sind kaum Grenzen gesetzt. So wünsche ich mir eine Entmonopolisierung des Zölibats bzw. eine Entfixierung des eschatologischen Zeichencharakters der priesterlichen Lebensform auf den Zölibat und eine Öffnung zu der Freiheit, unter verschiedenen solcher zeichenhaften Lebensformen zu wählen – durchaus im Kontext der kirchenamtlichen Forderung an das priesterliche Amt, daß es auch in einer besonderen Lebensform die Verantwortung des Amtes durchscheinen läßt, aber mit der Freiheit zu wählen, *welche* spezifische Lebensform man vom eigenen Charisma und von der eigenen Situation her verwirklichen will.

Die Kirche *kann* solche spezifischen Lebensformforderungen für ihre AmtsträgerInnen aufstellen. Sie muß es aber nicht. Vielleicht wäre diesbezüglich – nach der jahrhundertelangen Geschichte des Monozölibats und der ebensolange damit verbundenen Probleme und Nöte – ein Moratoriom angebracht, in dem auf solche spezifischen Anforderungen verzichtet wird. Nicht zuletzt damit Zeit bleibt, den Zwangscharakter solcher Zumutungen in Zukunft zu verlernen, so daß deren inhaltliche Berechtigung besser zum Vorschein zu kommen vermag. Besondere Eide auf besondere Forderungen über das Grundgelegt-Notwendige hinaus haben immer eine zwiespältige Problematik, bis hin zur Entartung, daß dieses «Besondere» das eigentliche Grundlegende in den Schatten stellt bzw. in sich aufsaugt, wie beispielsweise über Jahrhunderte hinweg der Berufungsbegriff exklusiv für das Amt angeeignet und damit dem Volk Gottes enteignet wurde. Erst das Zweite Vatikanum hat explizit den Berufungsbegriff wieder für das gesamte Volk Gottes reklamiert.

Möglicherweise sollte auch die Frage, wer solche besonderen Anforderungen an die Lebensform ausspricht, nochmals genauer betrachtet werden. Denkbar wäre eine gemeinschaftliche Entscheidungsforderung der Amtsperson zusammen mit der Gemeinde, für die sie zuständig ist, auf gewisse Zeit gemäß ihrer persönlichen Berufung, ihrer spezifischen amtlichen diakonalen und/oder presbyteralen Aufgabe und der «Zeichen der Zeit», wie sie die Gemeinde in bezug auf die betreffende Person und mit ihr entschlüsselt. Neben den auf das individuelle Leben bezogenen persönlichen Formentscheidungen gäbe es dann auch Formentscheidungen, die periodisch für einen bestimmten Zeitabschnitt gelten und gemeinde- oder aufgabengebunden sind. Zugunsten der Basis- und Situationsbezogenheit solcher Entscheidungen wäre überhaupt eher an Entscheidungen von Lokalkirchen (in und mit den Gemeinden, des Bischofs mit seinen Organen auf der Bistumsebene, einer Bischofskonferenz mit den Laiengremien auf Landesebene u.ä.) als an globale Erlasse aus Rom zu denken.

Prinzipiell jedenfalls gilt ohnehin, daß allein die von der *Sendung der Kirche* her geforderten Bedingungen an Personen im kirchlichen Amt von diesen auch essentiell gefordert sind. Alles, was darüber hinaus geht, ist fakultativ und offen für (auf Zeit und auf Form wandelbare) persönliche bzw. kirchendisziplinäre (und damit nicht-dogmatisierbare) Entscheidungen. Deshalb gilt umsomehr: Wer vom Wesen und von Ausformungen des kirchlichen Amtes sprechen will, muß einen Begriff von der inhaltlichen Sendung der Kirche haben.

2. Sendung der Kirche: «Evangelisierung»!

Es gibt wohl kaum einen soviel gebrauchten und zugleich so mißverständlichen Begriff in der zeitgenössischen theologisch-spirituellen Selbstvergewisserung unterschiedlicher bis gegensätzlicher Gruppierungen in und zwischen den Kirchen wie den der «Evangelisierung», oft auch verbunden mit den Vorsilben der Neu-Evangelisierung und der Re-Evangelisierung. Dieses Wort ist leider schon so sehr zum Schlagwort geworden, daß manche das Ansehen dieses Begriffes auch für Sachverhalte bemühen, die seinen Inhalt verkürzen oder gar verfälschen. Ich denke, man darf dieses Wort nicht denen überlassen, die mit großem Aufwand versuchen, seinen vollen und nicht zuletzt lehramtlich gesicherten Sinn zu torpedieren.

Dabei steht nicht etwa nur ein Streit um Worte an, sondern es geht dabei durchaus um eine Auseinandersetzung bezüglich der richtigen Praxis von ChristInnen und Kirche. Wie ja schon der Streit um die rechte Praxis und Konzeption der Kirche selbst nie ohne den Begriff der Kirche auskommt, weil sonst die erstrittene Praxis die Kirche nicht zu sich selbst und zu ihrem eigenen Bewußtsein führt, so darf man wohl auch nicht auf den Begriff der Evangelisierung verzichten, mit dem das apostolische Lehrschreiben von Paul VI. «Evangelii nuntiandi» (in Nr. 14) die «tiefste Identität» der Kirche charakterisiert.[8] Man gäbe also die Möglichkeit der kirchlichen Identifizierung auf, wenn man den Evangelisierungsbegriff aufgäbe, anstatt um seine zutreffende Präzisierung zu kämpfen.

Im Grunde benennt das bereits erwähnte Sendschreiben Pauls VI. mit dem Begriff der Evangelisierung all das, was die Quintessenz des II. Vatikanums gewesen ist: nämlich die Verbindung von Glaube und Wirklichkeit, von christlicher Lehre und menschlicher Existenz. Und eben diese Bemühung, Bekenntnis und Leben wieder

---

8   Hier möchte ich Zulehner etwas korrigieren, der dem «Leitwort Evangelisierung» im Potpourri anderer Leitwörter eine relativ geringe Bedeutung zumißt, in: P.M.Zulehner, Pastoraltheologie, Bd.1: Fundamentalpastoral, Düsseldorf 1989, 56-60.

in gegenseitiger Fruchtbarkeit aufeinander zuzubringen (und nicht die Behauptungsebene bereits als Erfahrungsebene auszugeben), muß sich konsequenterweise neu um diejenigen kümmern, bei welchen die Erfahrungen verankert sind, nämlich um die individuellen Menschen in ihren konkreten Lebenszusammenhängen. Deshalb entwickelt das II. Vatikanum den Kirchenbegriff auf der Basis der Volk-Gottes-Vorstellung und der damit verbundenen Partizipationswichtigkeit aller beteiligten (getauften und gefirmten) ChristInnen.

In aller hier gebotenen Kürze muß Evangelisierung als der Prozeß definiert werden, in dem die Botschaft des Evangeliums in Wort *und* Tat so verkündigt wird, daß darin die Kompetenz aller Beteiligten (ihr «Charisma») zum Zuge kommt und daß sich dieser Prozeß zugunsten ihrer Glaubens- und Lebensqualität ereignet. Dieser Prozeß macht zugleich die Identität der Kirche selbst aus, von dem her sie auch die Kriterien für ihre Selbstbeurteilung zu nehmen hat.

Man kann das Gemeinte auch im Zusammenhang der Reich-Gottes-Theologie formulieren. Dabei wird nämlich noch eine andere Dimension deutlich, nämlich die: Evangelisierung ist zwar die theologische Identität der Kirche, aber das heißt noch lange nicht, daß die realexistierende Kirche mit Evangelisierung identisch ist. Denn erstens muß man genau hinschauen, ob sie das ist; und zweitens gibt es Evangelisierung auch über die Kirche hinaus, noch bevor sie den Versuch gestartet hat, ihre «Umwelt» zu «evangelisieren». Der Kirche entscheidende Aufgabe liegt darin, das Reich Gottes zu verkünden und mit Gottes Hilfe diesem Reich Gottes soweit wie möglich reale Existenz in der Geschichte zu verschaffen. Entsprechend dem Sprechhandeln Jesu (vgl. Lk 11, 20): Wenn ich mit dem Finger meiner Hand die Menschen von Zwangszuständen befreie, wenn ich sie von Krankheiten heile, wenn ich mit ihnen solidarisch bin, wenn ich im Namen Gottes ihre Schuldbelastungen wegnehme und wenn ich ihnen Gottes Hoffnung verkünde, dann hat dies alles mit Reich Gottes zu tun, dann kommt in solcher Barmherzigkeit und Gerechtigkeit Gottes Wirklichkeit selbst zum Zuge.

Die Kirche ist das symbolische (in Wort und Sakrament) und soziale (in der Gemeinschaft und Solidarität nach innen und nach außen) «Mittel» für die Verkündigung und die ansatzhafte Verwirklichung der befreienden «Herrschaft» eines menschenfreundlichen Gottes unter den Menschen. «Reich Gottes» meint das Geschenk des Glaubens an einen Gott, der alle Menschen in ihrer persönlichen und strukturellen Gebrochenheit hochschätzt, der sie unbedingt liebt und niemals fallen läßt, auch und gerade nicht im Tod. «Reich Gottes» meint von daher die um so mehr ermöglichte Kraft, in der je eigenen geschichtlichen und gesellschaftlichen Situation für Gerechtigkeit und Solidarität zwischen Menschen und Völkern zu leben und dafür zu arbeiten und zu kämpfen. «Basileia» ist das neutestamentliche Wort für das «Reich Gottes». So geht es nicht um eine Verkirchlichung der Welt, sondern um ihre «Basileisierung». Was dabei für die Kirche «herausspringt», darf sie getrost von der Gnade Gottes abhängig machen und als nicht produzierbares Geschenk empfangen.

Was die Kirche aufgrund der biblischen Offenbarung hoffnungschenkend und ermutigend Reich Gottes zu nennen vermag, geht in seiner faktischen Präsenz selbstverständlich weit über die Kirchengrenzen hinaus, und zwar nicht nur im Liebes- und Gerechtigkeitshandeln vieler Menschen, sondern auch in den Transzendenzvorstellungen vieler Religionen und in nichtreligiösen Symbolisierungen (in Bildern der Kunst, in Meditationszusammenhängen, in der Poesie, in der Musik, usw.), welche die Hoffnung in hoffnungsarmen Situationen aufrecht erhält, auch im immer wieder drohenden Sinnlosigkeitsverdacht gegenüber dem Risiko, Gerechtigkeit, Freiheit und Liebe in dieser Welt praktisch zu vertreten.

Auf dem Hintergrund der hier nur angedeuteten Reich-Gottes-Theologie glaubt die Kirche die Reich-Gottes-Gegenwart nicht nur in sich selber, sondern entdeckt, unterstützt und provoziert diese auch in anderen ihr bislang unbekannten Formen bei den Menschen, Kulturen und Gesellschaften und bringt von sich aus die Botschaft ein, daß menschliche Humanität und Solidarität nicht als letztlich zur Verzweiflung oder zur Gewalt führendes Gesetz aufzufassen sind, sondern als Gnade, die auch im Scheitern noch trägt: weil es einen Gott gibt, der mit den Solidarischen solidarisch ist und der den Scheiternden und Schuldigen in seinem Beistand und in der Versöhnung ohne Ende neuen Anfang schenkt.

3. Kirchenräson oder Proexistenz[9]

Nach alledem läßt sich der ausschlaggebende Unterschied im zur Debatte stehenden Kirchenbild vielleicht auf folgende Alternative konzentrieren: Gehören die Menschen zur Kirche?, oder: Ist die Kirche bei den Menschen? Wird die Kirche als Selbstzweck verhandelt, indem die Grenzen des Reiches Gottes auf die Kirchengrenzen reduziert werden und die Zugehörigkeit zum Reich Gottes strikt an die Zugehörigkeit und Mitgliedschaft in der Kirche gebunden wird? Nach diesem kirchenintegralistischen Modell wäre dann der alte Satz weiterhin gültig: Außerhalb der Kirche kein Heil (auch nicht über den Tod hinaus). Wer sich da noch entsprechend Angst machen läßt, kann sich nur noch dem Zwang zur Selbsteingliederung unterwerfen, um der entsprechenden Dotierungen teilhaftig zu werden.

Dahinter steckt die fundamentalistische Attitüde, daß die eigenen Fundamente (Glaube, Kirche, Kultur, Weltanschauung) von vornherein das Gute oder doch Bessere repräsentieren, während andere Religionen, Kultur- und Gesellschaftsbereiche unter dem prinzipiellen Vorbehalt stehen, schlecht oder schlechter zu sein. Sieht man beispielsweise das Verhältnis von Kirche und Welt in einer solchen dualistischen Schwarz-Weiß-Sicht, dann kann von der Kirche nur das Gute und von der Welt nur das Schlechtere ausgehen. Alles, was nicht Kirche ist, kann dann nur gut oder besser werden, wenn es sich in die Kirche hineinbegibt. Kirchenräson ist identisch mit Reich-Gottes-Verkündigung. Mission stellt sich dar als ein einseitiges Unternehmen der Gläubigen an den Gottlosen. Und da die «Welt» ohnehin keine Eigengüte besitzt, darf man sie auch entsprechend für die Ziele der Kirche be- und ausnutzen. In der Instrumentalisierung dessen, was die Welt an menschlicher Intelligenz, an menschlicher Kraft, an Technik und Medien zu bieten hat, braucht man dann nicht mehr kleinlich zu sein.

Im kirchenintegralistischen Zusammenhang wird der Evangelisierungsbegriff dementsprechend als Christianisierungsbegriff behandelt, denn die Kirche selbst ist ja bereits evangelisiert und

---

9 Vgl. zu diesem Begriff das von H. Schürmann entworfene Bild vom proexistenten Selbstverständnis Jesu, in: Jesu ureigener Tod. Exegetische Besinnungen und Ausblicke, Freiburg i. B. 1975.

hat letztere nicht mehr nötig. Darüber hinaus ist eine solche «Evangelisierung» weitgehend nur an der bekenntnisorientierten und liturgischen Integration der Gläubigen orientiert. Evangelisierung wird damit reduziert auf den Glaubens- und Gottesdienstbereich, auf die Spiritualität (im engeren Sinn) und die Christus- (und Maria-) Beziehung. Ob die Beteiligten arm oder reich sind, in welchen spezifischen Lebensverhältnissen sie sich bewegen, ist dabei relativ uninteressant, die Hauptsache ist: daß der Arme und der Reiche den gleichen Glauben glauben, den die Kirche vorsetzt. Diese «Gleichheit» in der gemeinsamen Spiritualität ist das wichtigste und macht es dann eigentlich auch relativ unnötig, daß die (möglicherweise gottgegebenen) sozialen Schichten versuchen, die Zustände, in die sie hineingeboren wurden (und in denen sie sich als Söhne der Kirche bewähren, die Töchter sind dann bei den Söhnen integriert), zu verändern. Die Herrscher sollen Herrscher bleiben dürfen, und die Beherrschten sollen als solche gute Menschen sein: Die Hauptsache ist, beide glauben richtig und kommen dadurch in den Himmel.[10]

In diesem Sinn hätte der Begriff der «Neu-Evangelisierung Europas» den Geruch kirchenintegralistischer Eroberungsmentalität. Dabei wird vorausgesetzt, die Kirche habe, was dem ach so säkularisierten Europa fehlt. Und zwar mit der Unterstellung: Wenn alle in Europa «richtig» die Wahrheit glauben würden, dann würde es auch mehr Liebe unter den Menschen geben. Letzteres ist selbstverständlich eine Fiktion: In dem noch christlich integrierten Europa einiger mittelalterlicher Jahrhunderte gab es angeblich noch jenen gemeinsamen Glauben (und noch nicht diese «wahrheitsverwässernde pluralistische» Gesellschaft); wenn man allerdings genau hinsieht, hat dieser gesellschaftlich getragene Glaube es leider ganz und gar nicht verhindern können, daß (dazu noch in seinem Namen) Schlimmstes verbrochen wurde, ganze Kulturen ausgelöscht und zahllose individuelle Menschen zerstört wurden. Dafür steht nicht zuletzt das Jahr 1492. Setzt man also die Tatebene des authentischen Evangelisierungsbegriffes auch noch einmal als Kritik einer solch glorifizierten Glaubensvergangenheit ein, dann erweist sich diese Vergangenheit mindestens als genau-

---

10 Vgl. J.M. Escrivá de Balaguer, Christus begegnen. Homilien, Köln 4/1977, 388, 421.

so wenig evangelisiert wie die heute so beklagte säkularisierte Gegenwart, die ihrerseits auf weite Strecken hin mehr Humanisierung, individuelle Freiheit und strukturelle Gerechtigkeit in vielen Ländern gebracht hat als der besagte sozialintegralistische Kirchenglaube vergangener Zeiten.

Geht man von einem Kirchenbild aus, das sich nicht über, sondern unter den Reich-Gottes-Begriff stellt, dann bekommt auch das Evangelisierungsverständnis entsprechende Konturen, wie sie bereits oben angedeutet wurden: «Evangelisierung» ist dann nicht nur ein Vermittlungsbegriff der Kirche nach außen, sondern der Identitätsbegriff der Kirche selbst. Sie ist der Evangelisierung erster Adressat, und verwirklicht sich nach innen ebenfalls um so mehr, als sie sich evangelisiert. Die ausschlaggebenden Kontakte und Austauschprozesse zwischen Kirche und Umwelt (wobei letztere natürlich immer in der Kirche selbst vorhanden ist) ereignen sich dann insofern evangelisierend, als die Kirche die Umwelt und sich selbst unter die Kriterien solcher Evangelisierung stellt und von diesem Bezugspunkt her im gegenseitigen Austausch die gemeinsamen Anknüpfpunkte und Veränderungsansprüche entwirft, sowohl auf der religiös-symbolischen wie auch auf der sozial-praktischen Ebene. In diesem Horizont kann die Umwelt der Kirche nicht mehr für die Aufrechterhaltung der Kirche funktionalisiert werden, sondern diese Umwelt ist ausnahmslos Lebensbereich der Kirche und der ChristInnen selbst. Die Evangelisierung kommt also nicht als der Außenkontakt der Kirche zur Kirche dazu, sondern bezeichnet den mit ihrer Identität gleichzusetzenden Auftrag, für die anwachsende Humanisierung in Religion und Politik, in Kirche und Gesellschaft einzustehen und dafür zu kämpfen.

4. Das «Neue» in der Evangelisierung

Der Begriff der «Neu-Evangelisierung» ist eigentlich eine Tautologie, ein «weißer Schimmel», weil der Vorgang der Evangelisierung selbst ständigen Neuanfang von Kirche und ChristIn mit sich wie auch mit anderen Menschen beinhaltet. Ohne die in der Versöhnung Gottes immer wieder neu geschenkte Umkehr zur Nachfolge des Evangeliums gibt es keine Evangelisierung: weder nach innen noch nach außen, und erst recht nicht nach außen, wenn nicht nach innen.

27

Es gibt allerdings eine Berechtigung, von Neu-Evangelisierung zu sprechen, wenn dabei ausgedrückt sein soll, daß jede Verbindung von Verkündigung und Lebenswirklichkeit insofern Neues aus sich hervorbringt, als unterschiedliche Situationen auch Neues in der Botschaft selbst entdecken lassen. Was bedeutet, daß die getauften und gefirmten ChristInnen in ihren biographischen und sozialen Zusammenhängen in ähnlicher Weise «inspiriert» sind wie die inspirierten Textzeugnisse der Vergangenheit. Die katholische Sakramententheologie hat dies schon immer gesagt (nämlich daß in Taufe und Firmung die Beteiligten den Geist wirksam zugesprochen bekommen), aber bislang wohl noch zu wenig (mit Ausnahme des II. Vatikanums) auf die Ekklesiologie, nämlich auf die Kirche und ihre Pneumatologie angewendet. So gibt der Geist den Gläubigen der jeweiligen Zeit immer noch mehr ein, als in den Zeugnissen der verstorbenen Gläubigen zu finden ist (vgl. Jo 16, 12-14).

Der entscheidende Fortschritt des II. Vatikanums war, daß es den Glauben selbst innerhalb der Praxis des Lebens bedenkt und entwickelt. Im Anschluß an die Eröffnungsrede von Johannes XXIII. formuliert Klinger: «Die Lehre des Glaubens muß daher möglichst viele Bereiche des Lebens durchdringen. Niemals darf sich die Kirche von ihr abwenden, denn sie ist das Erbe der Wahrheit, das sie von Christus empfängt. Zugleich muß sie jedoch auf das Leben der heutigen Menschen schauen; denn es zeigt ihr neue Wege des Apostolats. Man schützt die Lehre, indem man sie fördert, und fördert sie nicht, indem man sie nur schützt.»[11] Die Botschaft Christi ist demnach auf die real existierenden individuellen und sozialen Verhältnisse in Mensch und Gesellschaft ausgerichtet, will sie nicht die in Jesus verwirklichte Fleischwerdung Gottes (in diesem Menschen mit seiner Rede von Gott im «Medium» solidarischer Existenz) in der Kirche wieder doketisieren. Vielmehr läßt der wahrnehmungsgeschärfte Blick für das Leben der Menschen und insbesondere für die Leidenserfahrungen der Betroffenen auch neue Wege des Apostolats entdecken. Die geschichtliche Situation der Menschen und ihrer sozialen Zusammenhänge vermag im Glauben der Kirche Inhalte auszuschmelzen, die zu diesem Glauben gehören und darin etwas Neues sind, was es bisher so in ihm nicht gegeben hat.[12] Auch C. Mesters bindet den Begriff

---

11 Klinger, Der Glaube des Konzils 619.
12 Vgl. Klinger, a.a.O. 619, auch 616.

des «Neuen» in der Neuevangelisierung inhaltlich daran, daß die Zeichen der Zeit im Evangelium selbst Neues und Aktuelles entdecken lassen: «...aus dem Bestreben, die Kirche in Einklang zu bringen mit der Neuheit Gottes, die in den Zeichen der Zeit zum Aufleuchten kommt».[13] Geht die Kirche den Weg ihrer eigenen Selbstevangelisierung, sorgt sie sich zuerst um das Reich Gottes (vgl. Mt 6,33), dann braucht sie sich um die Wirkung keine Sorgen zu machen. Denn dann bekommt sie kaum mehr von falscher Seite Beifall, Bestätigung und Machtzuspruch, wie sie dann umgekehrt bei den Menschen Erfolg haben wird, die sich selbst nach Gerechtigkeit und Barmherzigkeit sehnen. Für Menschen, die in ihrem Leben Liebe und Freiheit zu verwirklichen suchen, wird die Rede von einem Gott, der an ihrer Seite bleibt und sie durch Enttäuschungen und Erfolglosigkeiten hindurch begleitet, eine unentbehrliche Lebenshilfe eigener Art sein.

Wer außerhalb dieses Zusammenhangs die Neu-Evangelisierung Europas ausruft, verfällt allzu leicht den Paradigmen der Machtergreifung, worin die angezielte Erweiterung der Einflußbereiche nach außen wie der ebenso angezielte Mitgliedergewinn nach innen mit Strategien verfolgt werden, die, da sie ohne die inhaltliche Evangelisierung der eigenen Innenbereiche auszukommen suchen, auch nicht die authentische Evangelisierung der Umwelt erreichen können. Die Kirche schadet damit ihrer eigenen Identität. Sie schadet aber auch letztlich ihrer eigenen Wirkung: Denn ich bin ebenfalls überzeugt, daß die Menschen um so mehr wieder in die Innenbereiche der Kirche hineinkommen werden, je mehr sie spüren, wie ChristInnen und Kirchen absichtslos (in Hinsicht auf ihre eigenen Institutionen, aus denen sie herkommen) mit ihnen umgehen, ihr Bestes wollen, auch und gerade dann, wenn sie sich nicht integrieren.

5. Institutionelle Absichtsarmut

Ein Beispiel dazu aus der großstädtischen «Passanten-Pastoral»: Insofern die Kirchen an unterschiedlichen zentralen Orten des

---

13 C. Mesters, «Seht ich mache alles neu«, in: Bibel und Kirche 46 (1/1991) 2-22, hier 2.

Großstadtlebens sich und ihre Inhalte in der Form entsprechend baulicher und personaler Angebote vergegenwärtigen (in der Meditation einer City-Kirche, in einer Stunde Gespräch im geistlichen Zentrum mit jemandem, der oder die weggeht und möglicherweise nie wiederkommt, in der Öffnung der Kirchen für die Obdachlosen usw.) verliert man schnell jene Alles-oder-Nichts-Vorstellungen[14], die den Menschen nur ganz oder gar nicht haben wollen. Bei einem solchen Engagement kann man nicht mehr kalkulieren, was dabei herauskommt oder wer wiederkommt. Aber eines ist von unserem eigenen Glauben her klar: Jede Hoffnungs- und Humanitätssteigerung, welche durch religiöse und kirchliche Initiativen ermöglicht und vorangetrieben wird, ist (auch ohne daß die Adressaten deswegen schon in den Innenbereich der Kirche wanderten) durch und durch eine Arbeit am Reich Gottes in dieser Welt und gehört damit wesentlich zur kirchlichen Verantwortung. So geht es nicht nur darum, daß die Fernstehenden wieder in die Kirchenbereiche hineinkommen, sondern daß sie da, wo sie jetzt sind und wahrscheinlich auch bleiben werden, in ihrer dortigen und eigenen Fähigkeit zur Hoffnung und zur Menschlichkeit erreicht und aufgebaut werden. So wird die Kirche der weltliche Ort der unter Menschen so schwierigen göttlichen Kombination von Liebe und Freiheit.

Aus diesem Blickwinkel darf die Kirche die oft sehr bedauerte Entwicklung der Entinstitutionalisierung der Religiosität durchaus auch als fremdprophetisches «Zeichen der Zeit» auffassen, indem sie bezüglich ihrer eigenen Institutionseinschätzung Neues entdeckt, nämlich die Herausforderung, die religiösen und mitmenschlichen Sehnsüchte der Menschen nicht vorschnell verkirchlichen zu wollen, also auf eine zugriffhafte Institutionalisierung derer zu verzichten, die im Bereich der religiösen Hoffnung (es beten viel mehr Menschen als in die Kirchen gehen oder als noch zu ihr gehören) oder/und im Bereich der tätigen Nächstenliebe (es sind wahrhaftig auch viel mehr Menschen um Menschlichkeit bemüht als zur Kirche gehören) dem Reich Gottes nicht fernstehen.[15]

---

14 Vgl. W. Schmidtbauer, Alles oder nichts. Über die Destruktivität von Idealen, Reinbek 1980.
15 Vgl. ähnlich B. Laux, Milieubarrieren fallen. Zum Verhältnis von Arbeiterschaft und Kirche, in: Stimmen der Zeit 209 (11/1991) 759-772.

Auch wenn manchem solche Überlegungen paradox erscheinen, so gibt es doch gerade in der Krisentherapie die Erfahrung, daß paradoxe Interventionen am hilfreichsten sind. In unserem Zusammenhang also gerade nicht eine verstärkte Institutionalisierung des christlichen Glaubens bis hin zu einer ebensolchen kirchenintegrierenden Reaktion auf die gesteigerte Individualisierung der Menschen. Sondern: Um des Reiches Gottes willen möglicherweise auf allzu große Verkirchlichung zu verzichten und die gewonnenen Freiheiten der Menschen (auch der Kirche gegenüber) nicht nur zu beklagen, sondern als Basis einer an der Wichtigkeit der einzelnen orientierten Reich-Gottes- und Kirchenbildung aufzunehmen (entsprechend der Berufungstheologie des II. Vatikanums).[16] Dies wäre kein «Aufgeben» der Kirche, sondern der Vollzug ihrer Identität, jener Identität also, wie sie der konzilsverankerte Begriff der Evangelisierung skizziert.

Mentalitätshistorische Untersuchungen haben herausgefunden, daß im europäischen Bereich die Strategie, mit der Angst die Menschen in religiöse Intergrationen hineinzuzwingen, massenweise am Zusammenbrechen ist.[17] Möglicherweise liegt darin die tiefste Ursache für die steigenden Austrittszahlen. Die Menschen lassen sich nicht mehr aus Angst in religiöse Übermachtsysteme hineinzwingen, wohl aber lassen sie sich, erfahren sie sich gerade im Bereich der Religion angenommen und in ihrer Ich-Stärke aufgebaut, entsprechend in Frage stellen und zur Partizipation und Solidarität herausfordern. Wenn die Kirche den Menschen nicht guttut, wenn sie sie nur noch zusätzlich zu dem, was sie sonst schon unter Druck und Furcht auszuführen haben, auch noch im überirdischen Bereich unter Angst und Druck setzt, bleiben ihr am Ende nur noch jene bedauernswerten psychisch angegriffenen Menschen, die sich gegen diesen Zugriff aufgrund ihrer destruktiven religiösen Biographie nicht mehr wehren können. Viele Menschen haben deshalb massive Berührungsängste zur Kirche und reagieren übervorsichtig auf ihre Annäherungen, weil sie Angst vor der religiösen Angst haben und weil sie sich um so mehr nach einem Gottesglauben

16 Vgl. O. Fuchs, Zwischen Wahrhaftigkeit und Macht. Pluralismus in der Kirche?, Frankfurt a. M. 1990, 42-61.
17 Vgl. J. Delumeau, Le Péché et la Peur. La Culpabilisation en Occident, Paris 1983.

sehnen, in den hinein sie ihre Angst endlich loslassen und befreit aufatmen können.[18]

Soweit eine wenigstens ansatzhafte Vergewisserung hinsichtlich des Kirchenbildes, das hier für die Konzeption des Amtes vorausgesetzt wird. Ich konzentriere mich nun auf die entscheidenden Grundvollzüge, die es der Kirche ermöglichen, derart zugunsten des Reiches Gottes wirksam zu werden.

---

18 Vgl. G. Fehrenbacher, Drewermann verstehen. Eine kritische Einführung, Olten 1991. Zum Plädoyer für eine «höllenfreie» Pastoral vgl. auch O. Fuchs, Die Entgrenzung zum Fremden als Bedingung christlichen Glaubens und Handelns, in: ders. (Hrsg.), Die Fremden, Düsseldorf 1988, 240-301, hier 280ff.

III
Die doppelte Präsenz Christi in seiner Kirche

Bezieht sich die Identität der Kirche historisch und christologisch auf Jesus Christus, dann steht sie historisch-konkret in der Nachfolge Jesu und erreicht dadurch jene christologische Qualität, in der sie den Geist des Auferstandenen geschichtlich verkörpert. Hier hat die sicher nicht ganz unproblematische Rede von der Kirche als «Leib Christi» ihre authentische Wurzel. Hier hat auch die Rede von der apostolischen Sukzession des kirchlichen Amtes ihren inhaltlichen Bezugshorizont. Die Apostolizität der Kirche findet ihren Sinn in der konkreten Nachfolge Jesu, seines Glaubens und seiner Praxis. Tradition des Amtes und Tradition der Kirche treffen sich in der gemeinsamen Tradition des Evangeliums.[19] «Die apostolische Tradition umfaßt alles, was der apostolischen K.(irche) von Jesus Christus als etwas Wesentliches übergeben worden ist, damit sie es weiterreicht an alle weiteren Generationen. ... Die apostolische Sukzession steht im Dienst der apostolischen Tradition.»[20]

1. Gleichstufige Grundvollzüge

Jesus seinerseits hat «das ganze Gesetz samt den Propheten» auf die beiden Gebote der Gottes- und Nächstenliebe zurückgeführt (vgl. Mt 22,37-40). Zweifellos kann auch das Wesen der Kirche entsprechend konzentriert zum Ausdruck gebracht werden: auf die

---

19 Vgl. die Pastoralkonstitution des II. Vatikanums «Lumen Gentium« Nr. 20; vgl. dazu W. Löser, Art. Apostolische Sukzession und Art. Apostolizität der Kirche, in: W. Beinert (Hrsg.), Lexikon der Katholischen Dogmatik, Freiburg i. B. 2/1988, 21-22 bzw. 22-23.

20 Löser, Art. Apostolizität der Kirche 23: Der Autor beruft sich hier insbesondere auf die Offenbarungskonstitution Dei Verbum, Nr. 7 und 8.

Verkündigung der Liebe Gottes (als Zuspruch der Liebe Gottes den Menschen gegenüber wie auch als entsprechende Antwort der Menschen Gott gegenüber) und auf den (dadurch ermöglichten) Anspruch der Liebe den Menschen gegenüber. Verkündigung der Heilstaten Gottes und die Praxis der zwischenmenschlichen Gerechtigkeit und Barmherzigkeit, Martyria und Diakonia bilden so die nicht mehr hintergehbaren Grunddimensionen des christlichen und kirchlichen Selbstvollzugs.

Christologisch handelt es sich um die beiden Weisen der Realpräsenz des Auferstandenen in seiner Kirche: in den gepredigten Worten und gefeierten Zeichen der Erinnerung (am dichtesten in der Eucharistiefeier) und in der Begegnung mit Christus in den Kranken, Nackten und Obdachlosen (vgl. Mt 25,31-46) und überhaupt in den leidenden Menschen (vgl. Röm 8,26). Die Kirche weiß sich im Dienst dieser Realpräsenz Christi unter den Menschen zugunsten der Wirklichkeit, die Jesus Christus bleibend am Herzen liegt, nämlich der Wirklichkeit des Reiches Gottes in unserem Äon: als gläubige Hoffnung auf Gott und als Solidarität mit den Menschen.

Aus dieser Perspektive gehört die Liturgie als «Gottesdienst» zur Martyria, während die Koinonia (Gemeinschaftsbildung) als ein Moment der Diakonie angesehen werden kann. Denn eine Kommunikation kann im christlichen Sinn immer nur dann gelingen, wenn sie gerechte Strukturen und barmherzige Intentionen zugunsten aller, besonders aber der Benachteiligten, aufbaut. D.Wiederkehr hat bereits das allzu beliebte mythische Dreierschema (Liturgie, Martyrie und Diakonie) aufgegeben und spricht von diesen vier Grundvollzügen der Gemeinde, ohne allerdings die Martyria und Diakonia der Liturgia und Koinonia vorzuordnen, wie ich es vorschlage.[21] Denn Liturgie und Gemeinschaftsbildung sind m.E. immer nur dann authentisch christlich, wenn sie tatsächlich die Botschaft von der Liebe Gottes in Wort und Sakrament bzw. seine diakonale Präsenz unter den Gemeinschafts- und Gesellschaftsformen der Menschen zur Geltung bringen. Martyria und Diakonia selbst indes benötigen keine Bedingungen ihrer christ-

---

21 Vgl. D.Wiederkehr, Grundvollzüge christlicher Gemeinde, in: L.Karrer (Hrsg.), Handbuch der Praktischen Gemeindearbeit, Freiburg i. B. 1990, 14-38.

lichen Authentizität mehr: Sie sind selbst die authentischen «Gebote» und damit Kriterien der Christlichkeit.

Bei genauerem Hinsehen allerdings ist die Zuordnung der Liturgia zur Martyria und der Koinonia zur Diakonia nicht exklusiv zu sehen, sondern nur in einer gewissen Dominanz. Denn Koinonia gibt es auch im Martyriabereich, besonders als Gemeinschaft der Hörenden und Betenden und der in der Doxologie lobenden Gemeinde. Und umgekehrt gehören manche liturgischen Vollzüge zum Bereich der Diakonie, etwa die Krankensalbung beim Krankenbesuch und die Sündenvergebung im Bußsakrament. Die jeweilige Zuordnung ist unterschiedlich: hier die Liturgie im Dienste der Diakonie, dort die Koinonia im Dienste der Martyria. Vielleicht hilft folgende *Graphik*, die parallelen wie auch die sich überkreuzenden Beziehungsverhältnisse zu überblicken:

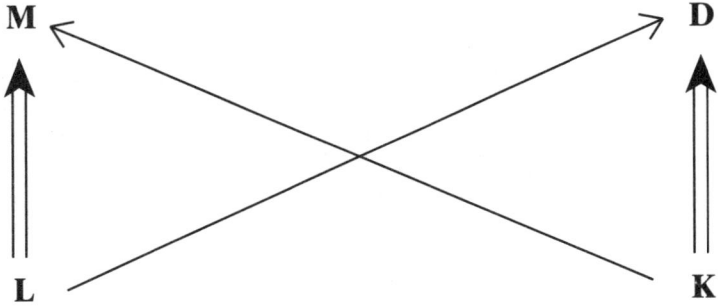

Zurück zu Jesus selbst: Diese beiden Gebote sind für ihn gleich wichtig, das letztere ist dem ersteren gleich. Er betont diese Gleichwichtigkeit als Korrektur zum Fragesteller, der eigentlich nur nach dem einen und dem wichtigsten Gebot gefragt hatte. In der Antwort geht Jesus darauf zwar ein und benennt zunächst die Gottesliebe als das wichtigste Gebot, aber es bleibt nicht das einzig «Wichtigste», es gibt ein zweites superlatives Gebot, das dem ersten gleich ist, die Nächstenliebe. Diese Aussage hört sich wie eine Selbstanalyse Jesu an. Denn darauf läuft seine Rede von Gott und seine Praxis unter den Menschen gerade hinaus, daß er seinen Gottesbezug mit einem ganz bestimmten Menschenbezug verbindet: Wenn ich mit dem Finger meiner Hand die Dämonen austreibe und Menschen von Zwangszuständen befreie, dann hat dies etwas mit dem Reich Gottes zu tun (vgl. Lk 11,20). Indem er heilt und vergibt, Freuden und Leiden teilt, konkretisiert er jene Menschenliebe, die zu seiner Gottesverkündigung gehört. Und indem er den liebenden Abba-Gott verkündet, konkretisiert er jene Gottesliebe, die zu seiner Menschenbeziehung paßt. Wären sie beide nicht gleich «wichtigst», wäre eine weniger wichtig, dann wäre der anderen (wie bei kommunizierenden Röhren) ebenfalls das Niveau genommen. Der niederländische Pastoraltheologe R. van Kessel entwirft seine Kirchenvision ebenfalls auf dem Hintergrund einer an der Nachfolge Jesu orientierten christologischen Vorstellung: Das Wesen der Kirche liegt in der Vermittlung der Gegenwart Christi in der Welt.[22] Dabei stellt er folgende zwei Aspekte oder «Existentiale» der Christuspräsenz ins Zentrum jeder Gemeindebildung: seine Präsenz in Wort und Zeichen *und* seine Präsenz in den Armen und Notleidenden. Es handelt sich hier um eine doppelte Re-Präsentanz Christi in seiner Kirche: einmal in der Rückbesinnung als der Memoria, der Erinnerung und Verkündigung der Frohen Botschaft Christi in Wort und Sakrament, zum anderen in der «immer-wieder»-Vergegenwärtigung Christi in den Armen und Leidenden. Jede christliche Gemeinschaft befindet sich erst in dieser zweifachen Begegnung mit Christus in der Martyria und in der Diakonia auf dem Weg der integralen Nachfolge Jesu. «Aus der Begegnung mit diesen beiden Arten der Gegenwart Christi entsteht die Glaubensgemeinschaft. Kirche wächst dort, wo Menschen sich zu dieser zweiseitigen Begegnung versammeln oder dazu versammelt werden.»[23]

---

22 R. van Kessel, Gemeinde am Leben. Ein theologischer Durchblick für Praktiker, Freiburg i. B. 1990, 137ff.

23 Van Kessel, ebd. 140. Für mich persönlich ist in diesem Zusammenhang interessant, daß van Kessels Konzeption kirchlicher Identitätsbestimmung (bezüglich ihrer Gemeinschaftsbildung wie auch bezüglich der Lebenspraxis der Gläubigen nach innen und nach außen) durch die Martyria (Christus im Wort und Sakrament) und die Diakonia (Christus in den Armen) im gleichen Jahr erscheint wie mein diesbezüglich ähnlicher Vorschlag, die grundlegende Identität der Kirche über die Martyria und Diakonia zu bestimmen, in: O. Fuchs, Heilen und befreien. Der Dienst am Nächsten als Ernstfall von Kirche und Pastoral, Düsseldorf 1990, 103-112. Auch mein Vorschlag hatte christologische Wurzeln, vgl. ebd. 131-143.

Die Kirche ist erst dann der Raum der Repräsentanz Christi, wenn in ihr eben jene Martyria und Diakonia geschehen. Erst dann versammelt sie sich zugunsten ihrer eigenen Identität. Und erst dann ermöglicht sie den Menschen die praktische Nachfolge «zum Werden des Reiches Gottes» in der Welt.[24] Unüberhörbar scharf bindet auch van Kessel die Identität der Kirche an diese beiden Merkmale: «Aber die Kirchen werden verschwinden, wenn sie ... die zwei für ihre eigene Existenz entscheidenden Prioritäten vergessen würden: die absolute Priorität Gottes vor den Menschen, und ‹gleichermaßen› die Priorität des Schwachen vor den Starken und des Armen vor den Reichen.»[25]

Die Kirche steht damit als institutionelle Organisation wie als Lebensgemeinschaft bestimmter Menschen im Dienst der Botschaft von einer liebenden Begegnung zwischen Mensch und Gott, weil Gott selbst als erster sie geliebt hat und liebt, und im Dienst daran, daß sie durch ihr eigenes soziales Verhalten diesen Glauben unter den Menschen erfahrbar macht: entsprechend dem Wort Jesu, daß in der Gottes- und Nächstenliebe die entscheidenden Säulen des Glaubens zu finden sind (Mt 22,37-40), wobei das zweite dem ersten im Werte gleich ist. «Nachfolge ist die christliche Lebenspraxis, die aus immer wieder neuer Bekehrung hervorgeht, die ihrerseits einer fortwährenden zweifachen Begegnung entspringt: einerseits mit dem Evangelium, andererseits mit der Not der Menschen.»[26] In den Kategorien von Zeit und Raum formuliert, geht es dabei um den Dienst der Kirche am Reich Gottes in der Welt: zugunsten einer befreienden und vertrauenermöglichenden Gottesbegegnung und einer solidarischen Menschenbeziehung für die Humanisierung ihrer Lebens- und Arbeitsbereiche.

24 Vgl. van Kessel, ebd. 141.
25 Van Kessel, ebd. 155. Selbstverständlich kann der Begriff «absolute Priorität Gottes vor den Menschen« bei van Kessel nicht gesetzlich-entfremdend, sondern vom Gesamtkontext seiner Ausführungen her nur so verstanden werden, daß es sich um die absolute Priorität des Gottes handelt, der den Menschen seine Priorität in der Form seiner Daseinsweise, nämlich unbedingt und unendlich, zukommen läßt. «Gottesliebe« heißt immer zuerst, daß Gott uns als SünderInnen liebt und auf der Basis dieser Zuwendung ermöglicht, entsprechend mit ihm und miteinander umzugehen und diesbezügliche Prioritäten zu setzen.
26 Van Kessel, ebd. 139.

2. Einheit und Erfahrbarkeit für die Welt

Das Verhältnis beider Dimensionen zueinander ist das der Ermöglichung und Verdankung. Gottes Liebe ermöglicht den so geliebten Menschen, die Menschen zu lieben; und: Für dieses heilende Leben verdankt sich der Mensch Gott bis hinein in die Doxologie, die Gottes Ehre um seiner Heilstaten willen preist.[27] Und selbstverständlich existieren beide Grundvollzüge zwar unvermischt, aber doch auch ungetrennt ineinander, insofern die Gottesverkündigung selbst diakonisch sein muß (und nicht etwa einen angsteinflößenden Gott vermittelt) und insofern die Diakonie die Praxis ist, in der Gott unter den Menschen am dichtesten erfahren, entdeckt und sprachlich vermittelt werden kann.

Bei K.Rahner findet sich folgende Beschreibung dieses Tatbestandes: «...ich meine, daß die Einheit von Gottes- und Nächstenliebe, die Erfahrung, daß dort, wo wir den Armen, Verfolgten, Deklassierten die Stange halten, eine geheime Gnadenerfahrung ist oder sein kann, und daß eine letzte, durch die Gnade radikalisierte Transzendentalität des Menschen in das Geheimnis Gottes hinein und eine Selbstentäußerung in Nächstenliebe die zwei Aspekte des einen christlichen Lebens, die Einheit von Gottes- und Nächstenliebe, darstellen.»[28]

Dabei gehe ich von der Annahme aus, daß diese Sicht der Kirche auf der Basis des erinnerten Jesus Christus zwar formal «bi-

---

27 Die Unterscheidung zwischen soteriologisch «funktionalisierter« Liturgie und einer Liturgie, die Gott um seiner selbst willen preist, wie sie Wiederkehr einbringt (vgl. Wiederkehr, Grundvollzüge 29), verstehe ich nicht recht. Ein Gott, der den Menschen nicht Heil schaffte, wäre keiner Ehre wert, wäre er noch so sehr ein Gott. Eine über seine Heilszuwendung hinausgehende Ehrenbezeichnung klingt zwar irgendwie honorig und selbstlos, dennoch empfinde ich einen über die Heilsökonomie Gottes hinausschießenden Ehrenmehrwert Gottes doch etwas als ein patriarchalisches Relikt, letztlich durchaus mißbrauchbar als ein «theologisches« Argument für eben jenen «Rest» menschlicher Willkür in seinem Namen, der nicht heilt und befreit, sondern unterdrückt. Diese Einsicht ermöglicht auch erst den gleichstufigen Umgang des von Not betroffenen Beters bzw. der Beterin mit Gott im Konfliktgebet der Klage: vgl. O.Fuchs, Die Herausforderungen Israels an die spirituelle und soziale Praxis der Christen, in: Jahrbuch für Biblische Theologie, Bd.6, Neukirchen-Vluyn 1991.

28 Rahner, In Sorge um die Kirche 206.

beldeduktiven» Charakter hat, inhaltlich jedoch die Rechte der «Zeichen der Zeit» insofern mit einschließt und provoziert, als gerade das Beispiel der *kontextuellen* Verkündigung und Praxis Jesu eben dies sicherstellt: Man kann auch heute nur dann sein Anliegen weitergeben, wenn man einen Gott verkündigt, den die Menschen lieben können und insbesondere die Betroffenen auf ihrer Seite wissen, *und* wenn damit die entsprechende soziale Praxis den jetzt lebenden Menschen in ihrer Situation und darin besonders den Leidenden gegenüber verbunden wird. Ersteres und letzteres sind nur möglich, wenn die biographischen, gesellschaftlichen und politischen Situationen wahrgenommen und im Erkenntnislicht des Leidens, d.h. in der direkten Begegnung mit Leidenden und mit Hilfe ihrer diesbezüglich herausragenden inhaltlichen Kompetenz analysiert werden. Wie also Gottesdienst und Nächstenliebe in unserer Zeit entdeckt und erfahren werden können, kann nur im Austausch mit dieser Zeit, mit ihren Menschen und mit ihren Kontexten gefunden werden.

Damit sind wir abermals im Herzen der Theologie des II. Vatikanums angelangt, dessen Ziel es war, Dogma und Pastoral, Sakramente und Erfahrung zusammenzubuchstabieren. Daß die Frage nach der Erfahrbarkeit von Glaubensinhalten in «dogmatischen Konstitutionen» aufgeworfen wird, stellt ein nicht zu unterschätzendes Signal für die Gleichstufung von Gottesglauben und Nächstenliebe dar, für die es angesichts der Kirchengeschichte höchste Zeit war.[29] Von daher war es nur folgerichtig und unumgänglich, daß auch die jeweilige kontextuelle Wirklichkeit der Zeichen der Zeit und damit die Wichtigkeit der lebenden Menschen selbst in der Situations- und Weltbezugstheologie sowie in der Berufungs- bzw. Volk-Gottes-Theologie des II. Vatikanums vorangetrieben wurden.

Die inhaltliche Sendung der Kirche kann also nicht kirchenintegralistisch verstanden werden. Das Reich des Glaubens, der Hoffnung und der Liebe gibt es allenthalben in der Geschichte, in der Humanisierung menschlicher Beziehungen und Gesellschaften, im Schutz der Schöpfung wie auch in allen (auch nicht christlichen) religiösen Gottesbeziehungen, in denen ebenfalls Gebor-

---

29   Vgl. dazu E. Klinger, Armut - Eine Herausforderung Gottes. Der Glaube des Konzils und die Befreiung des Menschen, Zürich 1990.

genheit und Zukunftsvertrauen zugunsten menschlicheren Lebens und Zusammenlebens geschenkt werden. Für die Zukunft der Kirche wird von höchster Bedeutung sein, wie sie sich theologisch und praktisch zu dem Reich Gottes verhält, das außerhalb ihrer selbst in vielen Initiativen und Bewegungen, in vielen Kulturen und Religionen vorhanden ist, und inwiefern sie diese Gegebenheit des Reiches Gottes ebenfalls als die bereits in der Geschichte erfahrbare Gnade zu erfahren vermag. Denn dann kann sie sich jede profilneurotische Reaktion, die nur um das Prestige des eigenen Vereins besorgt ist, sparen. Das Zentrum der Kirchenbildung ist nicht die Kirchenbildung, sondern der Aufbau am Reich Gottes in der Welt. Genau dafür ist sie notwendig. Und die Kirche arbeitet um so mehr an ihrer eigenen Identität, je mehr sie nicht primär auf ihre Selbsterhaltung fixiert ist, sondern ihre eigenen institutionellen und personalen Ressourcen zugunsten des Reiches Gottes in Geschichte und Gesellschaft einsetzt und von daher die Verantwortung ernst nimmt, sich selbst im eigenen Bereich als möglichst überzeugende und attraktive «tatkräftige Vorabbildung»[30] dieses Gottes Reiches zu gestalten.

Eben dies ist die Botschaft der Pastoralkonstitution des II. Vatikanums, die als der Schlüsseltext zum Verständnis des gesamten Konzils anzusehen ist. In ihr besinnt sich die Kirche nicht nur auf das von ihr selbst behauptete Selbstbewußtsein, in der Welt Sakrament des Heiles zu sein, sondern sie wendet sich auch der Außenperspektive ihrer selbst zu und verbindet ihre Identität mit der Frage nach der tatsächlichen Wirkung, die sie auf die «Welt» hat: ob denn die Menschen (innerhalb und außerhalb der Kirche) die Kirche als heilend, ihre Nöte teilend und sie befreiend erleben.

3. Unverfügbare Vor-Gegebenheiten

Die unüberbietbare Bedeutsamkeit von Martyria und Diakonia sieht van Kessel darin, daß sie der Verfügbarkeit der Glaubensgemeinschaft entzogen sind: «Diese beiden Aspekte – Wort und Zeichen und der Arme – erscheinen in der örtlichen Glaubensgemeinschaft wie etwas von außerhalb Kommendes: der erste aus der Traditi-

---

30 Vgl. van Kessel, ebd. 155.

on der Weltkirche, der zweite aus der untersten Gesellschaftsschicht, aus der gesellschaftlichen Verfremdung, Not und Absurdität und aus den oft verborgenen Nischen des Unrechts und der Trauer.»[31] So weiß sich die Kirche einerseits auf die Gegebenheit des Evangeliums in Schrift und Tradition, auf die Gegenwart Christi in Wort und Sakrament angewiesen: als Gnade und Appell, jedenfalls als etwas, was sie selbst nicht herstellen könnte oder müßte (was sie allerdings herzustellen hat, ist der praktische Entwurf ihrer selbst, wie er aus der Begegnung mit dem erzählten und in Zeichen vergegenwärtigten Christus entsteht). So weiß sich die Kirche anderseits auch angewiesen auf das Wort der Leidenden, insofern sie nicht darüber befinden kann, ob die Leidenden für sie wichtig sind oder nicht, ob Bedrängte der Hilfe würdig sind oder nicht, ob sich ein Umgang mit ihnen rentiert oder nicht, sondern insofern sie sich von vornherein als die «Nächste» zu den Armen begreift und sich in der Begegnung mit ihnen, im Hören auf sie und im Leben und Handeln mit ihnen gestaltet. Ob sie mit Leidenden und Armen Kontakt aufnimmt oder nicht, liegt nicht in der Beliebigkeit ihrer Entscheidung, sondern ist ein für allemal vorentschieden in dem Gottesglauben, den sie vertritt: nämlich im Glauben an einen Gott, der sich selbst auf die Seite der Armen und Leidenden gestellt hat.

Die Leidenden müssen sich nicht erst als Nächste beweisen (etwa durch die zusätzliche Qualifikation, daß sie zum eigenen Kultur- und Glaubenskreis gehören), sondern Christ und Christin definieren sich selbst von vornherein und prinzipiell als Nächste zu den Armen (vgl. Lk 10, 25-37). Die Armen haben die vorzügliche Kompetenz, die Ungerechtigkeitssituation zu definieren und entsprechende Veränderungen einzuklagen. Über ihren Kopf bzw. über ihre Stimme hinweg kann nicht mehr gelebt oder agiert werden, auch nicht in den Formen jener Fürsorglichkeit, in denen die Gesunden und Reichen bestimmen, was für die Kranken und Armen das Richtige ist.

Hier kann auf doppeltem Hintergrund wahrhaftig von der Sakramentalität der ganzen Kirche als «Leib Christi» die Rede sein: nämlich in der Wort- und Zeichen-Vermittlung des Heiles vom in Christus erschienenen menschenfreundlichen Gott her *und* in der sozialen Vermittlung dieses Heiles für alle Menschen und gerade

---

31 Van Kessel, ebd. 140.

deswegen (weil diese Universalität ungeteilt gilt) in besonderer Weise für die Bedrängten. Ebenso war Jesu Rede von Gott angesiedelt in seinem heilenden und teilenden Leben mit den Kranken und Armen.

Die Kirche hat sich von beiden etwas sagen zu lassen: Von Christus, wie er in der Wort- und Zeichenverkündigung begegnet, *und* von Christus, wie er in den Armen begegnet. Beides gilt für die Nachfolge der ChristInnen, beides gilt für die kirchlichen Sozialgebilde, beides gilt füglich für die Struktur des kirchlichen Amtes.

IV
Exkurs: Die Verantwortung der wissenschaftlichen Theologie

Ich möchte hier innehalten und – bevor ich auf die theologische Grundstruktur des Amtes zu sprechen komme – meinen eigenen Ort als Theologe in diesem Spannungsfeld von Martyria und Diakonia einholen. Auch die akademische Theologie wird sich verändern müssen, wenn sie nicht nur die Inhalte des Glaubens, sondern auch die Praxis der Nächstenliebe als theologische Quelle ansieht. Ich darf diese Verantwortung der TheologInnen (als Ordinierte oder als Laien) deshalb nicht ausklammern, weil nur eine Martyrie- *und* Diakonie-offene Theologie diesbezüglich eine qualifizierte Gesprächspartnerin sein kann. Nur sie ist mit einer Kirche vermittelbar, die beide Vollzugsweisen in ihre Identitätsbestimmung aufnimmt. Erst einer solchen Theologie öffnen sich die Augen für ein entsprechend zweigliedriges Amtsverständnis.

Die akademische Theologie gilt als Hochburg des Nachdenkens über die Martyria, über den christlichen Glauben und die Verkündigung in Vergangenheit und Gegenwart. Es gibt nicht unberechtigte Stimmen, der akademischen Theologie jegliche diakonische Qualität abzusprechen. In diesem Exkurs möchte ich die diakonische Verantwortung der wissenschaftlichen Theologie erörtern. Selbstverständlich räume ich ein, da ja jede Theologie biographisch bedingt ist, daß dahinter auch mein eigenes Interesse steht, meinen Ort in einer allerdings optional zu verändernden wissenschaftlichen Theologie zu rechtfertigen. Es geht um einen Perspektivenwechsel, um ein anderes Vorzeichen, um die Umkehr zu einer ganz bestimmten Option, die mit Zivilcourage und Mut zu vertreten ist. Vieles, was dafür notwendig ist, ist bereits vorhanden, muß vielleicht nur anders gesehen, gewertet und zugeordnet werden – nämlich daß die wissenschaftliche Theologie offensiv auf sich selbst zugeht und ebenso kritisch wie realistisch danach fragt: Was können *wir* zugunsten der Diakonie tun!? Erkenntnis- und handlungsleitend ist dabei die Frage: Wem dienen wir mit unserer Arbeit, wo ist unser eigener diakonischer Ort im Kontext aller diakonischen Manifestationen? Es geht also um die alte Frage: Cui bono bzw. cui malo!

Robert Spaemann hat vor einigen Jahren bezüglich der sozialen Aktivitäten der Kirchen unmißverständlich geschrieben: «Ich glaube, die Kirche übernimmt sich hier seit langem. Sie betreibt soziale Institutionen mit Kräften, die gar nicht mehr die ihren sind. Es sind Dienstleistungen, die jeder andere übernehmen könnte. Sie verzehrt sich dabei, sie verbraucht wertvolle Kräfte, ohne daß das irgend etwas bedeutet».[32] Ich wiederhole: «ohne daß das irgend etwas bedeutet», und: «mit Kräften, die nicht die ihren sind». Wenn das Sozial-Diakonische nichts bedeutet, dann meint dies hier, daß sie theologisch und für den Glauben nichts bedeuten. Hier liegt eine harte Anfrage vor, der nicht mit Entrüstung allein zu begegnen ist, sondern vor allem mit theologischer Argumentation: Über die theologale Dimension des sozialen Dienstes in und an der Welt, über die Diakonie. Gibt es diese Dimension nicht, dann «bedeutet» dieser Dienst auch kirchlicherseits tatsächlich nichts. Dann braucht es auch keine Diakone.

Spaemanns Ansicht dürfte nicht zuletzt ein Reflex auf den Tatbestand sein, daß aufs Ganze gesehen (mit Ausnahmen) tatsächlich eine relative Beziehungslosigkeit (im Sinne einer mangelhaften gegenseitigen Bedeutungsrelation) zwischen der Theologie und der Diakonie zu konstatieren ist (abgesehen von allenfalls gönnerhaften Relationen, wonach die Diakonie am Rande der Kirche als eine dem Eigentlichen vorgeschaltete Attraktivität ganz erwünscht und nützlich sei): Erstens gibt es diesen Bedeutungsbruch von der Theologie (und der Kirche) selbst her gegenüber der Diakonie, insofern letztere in der ersteren zuwenig vorkommt. Zweitens gibt es diese theologische Bedeutungslosigkeit auch von der Gesellschaft her, insofern diese die Diakonie der Kirche weitgehend nur von ihrer caritativen und wohlfahrtsstaatlichen Wirkung her legitimiert und akzeptiert. Konsequenterweise gibt es von diesen beiden theologischen Bedeutungslosigkeiten her auch drittens ein entsprechendes Bedeutungsdefizit im Binnenbereich der Diakonie selbst: Sie befindet sich zunehmend gerade nicht unter einem theologischen Legitimationsdruck, weil man innerkirchlich am besten mit einer nicht-konzeptionell-theologischen,

---

32 R. Spaemann, Diskussion über Staatskirchensystem, Trennungssystem und Rolle der Kirchen, in: P. Koslowski (Hrsg.), Die religiöse Dimension der Gesellschaft, Tübingen 1985, 151-158, hier 157. - Übrigens kann man dieses Zitat einer anderen interessanten Relektüre unterwerfen: Man soll sich von Ansprüchen nicht täuschen lassen, sondern muß auch die Realität jener kirchlichen Organisationen genauer anschauen, die sich als die eigentlich zentralen Vollzugformen der Kirche verstehen (vor allem durch konfessorische und liturgische Integration). Hier wird zwar mehr Theologie unterstellt und auch mehr theologisches Sprachmaterial gebraucht, was aber nicht darüber hinweg täuschen darf, daß die entscheidenden Entscheidungen meist theologischen Argumenten wenig zugänglich sind. Der bürokratische Verwaltungs- und kasualpastorale Versorgungsapparat ist faktisch oft mindestens genauso untheologisch wie dies dort vom Caritasbereich angenommen wird. Kriterien des Kapitals, der Kirchenräson, der Institutionserhaltung und Integrationswirkung schlagen meist mehr zu Buche als differenziertere theologische Optionen.

sondern mit der nützlich-pragmatischen Akzeptanz zurechtkommt[33], und weil gesellschaftlich die eigene Diakonie-Praxis ohnehin, in der Regel jedenfalls, für sich genug plausibel ist. Die Diakonie befindet sich in eigenartiger Selbstverständlichkeit in einem Legitimationsvakuum, ohne deswegen um ihren Bestand fürchten zu müssen. Dieser (theologisch) entlegitimierte Zustand freilich wirkt sich verhängnisvoll aus, wenn ihr Bestand kirchlich problematisiert und angegriffen wird. Kirchlich legitimieren müssen sich bislang nur die Mitarbeiter, und diese in der Regel gar nicht von ihrer diakonischen Praxis und noch weniger von ihrer diakonischen Theologie her, sondern im Zusammenhang ihres moralischen, kirchenrechtlichen und kirchendisziplinären Wohlverhaltens.[34]

Ohne die diakonale Dimension der wissenschaftlichen Theologie kann auch von dieser keine theologische Dimension der Diakonie entdeckt werden. Die Besinnung auf die arteigene Identität der Theologie im Horizont der Diakonie steht an.

1. Plurale Orte der Theologie

Gerade im Zusammenhang der Frage nach den Kriterien einer diakonischen Theologie ist mit Recht zunehmend von der einfachen, «naiven» Theologie die Rede, die aus unmittelbarer Verbindung von Herzensfrömmigkeit und Barmherzigkeit im direkten Umgang mit leidenden und betroffenen Menschen entsteht, nicht selten in unmittelbarer Beanspruchung entsprechender biblischer Geschichten, die direkt mit dieser diakonischen Praxis zu tun haben. Es ergibt sich hier so etwas wie eine unabweisbare unmittelbare Evidenz der gleichen Handlungs- und Praxisstruktur, welche die beanspruchten biblischen Geschichten genauso wie die eigene diakonische Praxis aufweisen.[35] Hier handelt es sich um eine Theologie eigener Art und Herkunft mit einem eigenen Kontext, und damit handelt es sich durchaus um einen «locus theologicus», um den Ort einer spezifischen Gottrede, einer besonderen Gottes- und Christuserkenntnis, einer Christologie, die aus der Christopraxie («von unten») selbst erwächst[36], und die von der zutreffenden Praxis der Gerechtigkeit

---

33 ... und weil die Theologie der Kirche eine solche theologische Begründung und Notwendigkeit der Diakonie auch kaum von sich aus aufdrängt bzw. abverlangt.

34 Vgl. R. Zerfaß, Die Funktion der Caritas und ihrer Einrichtungen für die Kirche, in: Creatio ex amore. Beiträge zu einer Theologie der Liebe (FS für A. Ganoczy), Würzburg 1989, 154-176,160ff.

35 Vgl. den Katechismus der Bauern von Peru: Vamos Caminando - Machen wir uns auf den Weg! Glaube, Gefangenschaft und Befreiung in den peruanischen Anden, Freiburg (Schweiz)/Münster 1983.

und Barmherzigkeit her die Tradition liest und versteht. Diese Theologie hat demnach eine Hermeneutik eigener Art, nämlich eine praktische, die zugleich eine kritische Theologie gegenüber den anderen Theologien begründet, besonders gegenüber der wissenschaftlichen Theologie und der Theologie des Lehramtes.

Die darin enthaltene Kritik[37] ist bodenständig und klagt die Notwendigkeit ein, daß das Evangelium immer nur aus der Praxis (oder wenigstens aus der Sehnsucht nach) der Gerechtigkeit und Barmherzigkeit zutreffend «gelesen» werden kann. Die eigene realisierte bzw. in den Blick genommene Praxis bildet immer die grundlegende Basis jeder Hermeneutik, mag sich letztere noch so differenziert zeigen und mag sie sich auch von ihrer diesbezüglichen Herkunft wegabstrahiert haben.

Von den Subjekten her, die an Gott glauben und über Gott nachdenken, müssen also unterschiedliche Theologieräume und –herkünfte unterschieden werden: So gibt es eine Theologie des Lehramtes[38] und eine Theologie des Volkes (wobei die letztere sicher in vielen Glaubensinhalten der ChristInnen vorhanden ist, aber kaum strukturell eine angemessene Bedeutung für die Kirchenbildung bzw. für den Gemeindeaufbau vor Ort gewinnt); so gibt es die Theologien der verschiedenen Ordensgemeinschaften, die Theologien der kirchlichen Verbände, unterschiedliche Theologien von Gemeinden und Pfarreien; so gibt es eine mehr oder minder explizite Theologie der Caritasverbände, und so gibt es in strukturell wie verbal höchst elaborierter Form die akademische Theologie.

Man wird von daher eine *originäre diakonische* Theologie im engeren Sinne anzunehmen haben, in der mit einem besonderen Recht der Würdetitel «diakonisch» beansprucht wird, weil deren Subjekte in der Diakonie selbst leben bzw. tätig sind und weil deren Theologie aus diesem Begegnungsraum heraus entsteht. Alle sozialen und caritativen Tätigkeits- und Lebensbereiche sind von daher zu ermutigen, diese ihre eigene theologische Kompetenz in entsprechenden kommunikativen und verbalen Möglichkeiten zu entwickeln. Den Titel «diakonisch» dürfen sich die wissenschaftlichen Theologien nicht ohne weiteres aneignen. Sie werden diesbezüglich Bescheidenheit lernen dürfen, damit sie nicht all das, was

---

36 «Christopraxie» meint hier den Tatbestand, daß im Leidenden Christus selbst begegnet, daß aber auch in dem, der hilft und befreit, Christus in der Nachfolge Jesu realisiert wird (vgl. Mt 25, 31-46).

37 Zu erinnnern wäre hier nur an das kritische Potential der einfachen Theologie eines Franz von Assisi gegenüber der damaligen Kirchenführung: vgl. T. Desponnets, Franziskanisches Schriftverständnis, in: Concilium 17 (1981) 721-727.

38 Diese offizielle Theologie des Lehramtes schlägt sich in ihrer authentischen Form besonders in offiziellen Dokumenten wie Enzykliken, Konzilsdokumenten usw. nieder.

auch und anderswo Theologie ist und sein kann, nur auf den universitären und wissenschaftlichen Bereich hin professionalisieren und monopolisieren. Dadurch würde man die tatsächlich diakonischen Lebens- und Praxiskontexte ihrer eigenen theologischen Kompetenz enteignen.

In der Frage nach dem Subjekt der Theologie müssen wissenschaftliche TheologInnen demnach besonders vorsichtig sein, damit nicht auch noch auf diesem Niveau und Weg eine Bemächtigung geschieht, die Anmaßung wäre. Eine ungehemmte Beanspruchung des Titels «diakonisch» könnte sonst leicht zu einer neuen Form eines totalitären Kompetenz- und Alleinvertretungsanspruchs der wissenschaftlichen Theologie auf die Theologie überhaupt werden. Demgegenüber ist in Selbstbescheidung festzuhalten: Die wissenschaftlichen TheologInnen sind nicht Subjekt *jeder* möglichen Theologie, sondern eben nur der akademischen. Sie sind in der Regel weder in ihren Berufs- noch in ihren dominanten Lebenszusammenhängen mit Direktbetroffenen zusammen, sie haben meist sogar relativ wenig mit denen zu tun, die mit den Betroffenen zu tun haben. Wer diesen Status nicht verändern oder aufgeben mag, darf auch nicht mehr an theologisch relevanter Subjektkompetenz beanspruchen. Hier beginnt vielmehr die Aufgabe, von denen, die in der Diakonie selbst tätig sind, praktisch zu lernen und diese anderen Theologiebereiche dazu zu ermutigen, ihre eigene Theologie auch zu entwickeln, von der man zu lernen hat. So wird die wissenschaftliche Theologie eine ihrer wichtigsten Aufgaben darin sehen, daß sie in ihrer eigenen Argumentation wie auch in ihrer eigenen Praxis die anderen Theologien in jeder Hinsicht schützt und diese als Gegenüber zu sich selbst mitaufbaut und haben will.

Die wissenschaftliche Theologie würde sich nicht nur übernehmen, sondern sich auch selbst täuschen und in die eigene Tasche lügen, wenn sie diese ihre eigene tatsächliche Subjektbegrenzung und –behinderung zur diakonischen Theologie (im engeren Sinn) nicht sähe und damit eine theologische Zuständigkeit beanspruchte, die wissenschaftliche TheologInnen faktisch nicht haben können, weil ihnen die entsprechende Praxis fehlt. Denn sie stehen in der Bedürftigkeit direkter Diakonie, und zwar in der Regel im aktiven wie im passiven Sinn: Sie gehören weder zu den Betroffenen und Notleidenden, noch haben sie mit diesen direkt zu tun (selbstverständlich mit vielen Ausnahmen der eigenen biographischen Begegnung mit Leiden und Leidenden: strukturell freilich gehören wissenschaftliche TheologInnen nicht zu den Armen und ihren Helfern in unserem Land).

Von daher wächst der wissenschaftlichen Theologie erst einmal diese negative diakonische Verantwortung zu: nämlich die theologische Kompetenz der tatsächlich diakonischen Subjekte nicht zu beanspruchen, sondern im Kontext aller kirchlichen Lebens- und Theologiebereiche argumentativ zu bewahren und institutionell (mit-) zu ermöglichen. Damit werden diese direkt diakonischen theologischen Herkunftsorte nicht aus der Gesamttheologie exkludiert, sondern können ihre eigene Ver-

antwortung zur Theologie um ihrer eigenen Praxis und um der Gesamtkirche willen wahrnehmen.

Es gilt demnach festzuhalten: Wissenschaftliche TheologInnen hierzulande sind keine TheologInnen der Befreiung wie auch die kirchlichen
Gemeinden hierzulande keine Basisgemeinden im Sinne der lateiname-
rikanischen Basisgemeinden sind.[39] Sie sind nicht das unterdrückte Volk,
das die Theologie als Motivations- und Bewußtseinsarbeit für seinen eigenen Befreiungsprozeß erleben und betreiben könnte. Sie tun sich und
ihrer wissenschaftlichen Theologie demnach nichts Gutes, wenn sie ihre
Qualität und Identität nur dadurch diakonisch aufbessern wollen, daß sie
Identitätsanleihen von anderen Lebens- und Theologiefeldern hereinholen,
dabei jedoch das eigene spezifisch wissenschaftliche Feld diakonisch unbe-
stellt lassen oder gar resigniert für diakonisch unbedeutsam erklären. Wenn
letzteres der Fall sein sollte, müßten wir diese Theologie quittieren, weil
eine Theologie ohne eigene diakonische Dimension und damit ohne
Soteriologie (und Soteriopraxie) keine christliche Theologie sein kann.

Die Lösung liegt demnach in keiner Weise in einem antiwissen-
schaftlichen Affekt. Zur Wissenschaftlichkeit der Theologie werden wir
stehen dürfen und müssen, nicht zuletzt im Zusammenhang der eigenen
Identität in der europäischen Geistesgeschichte, insbesondere mit ihren
Kulturanteilen der Aufklärung, welche nach und nach auch von der Kirche
theologisch heimgeholt werden, was die entsprechende Inkulturation des
Evangeliums in diese Geschichte hinein ermöglicht.

Viele wissen aus Erfahrung, daß die wissenschaftliche Theologie befreiende Dimensionen haben kann. Dies gilt von der Geschichte der
Theologie her (ich denke hier nur an die emanzipatorische Kraft der
historisch-kritischen Exegese) wie auch im Kontext der Biographien (ich
denke hier an meine eigene Befreiungsgeschichte, die mir das Theologiestudium ermöglicht hat). Oft waren und sind gerade die Wissenschaften und
Universitäten die Herkunftsorte humanisierender Inhalte und Motiva-
tionen. Nicht selten haben sie etwas Befreiend-Subversives an sich, weil
sie im geschützten Rahmen eines freien Diskurses Ideologiekritik entdecken und betreiben und bestimmte Machtkonstellationen und leidschaf-
fende Widersprüche durchschauen, die Interessenfragen nach dem cui bono
bzw. malo stellen, Alternativkonzepte entwickeln und entsprechende
Widersprüche und Widerstände anmelden. Freie Universitäten können
für Machthaber und entsprechende Systeme sehr gefährlich werden. Wenn
in China Tausende von Studenten und Hochschullehrer getötet und verfolgt wurden, dann gibt dies im Zusammenhang mit unserer Fragestellung enorm zu denken: daß sie für Freiheit kämpfen, weil sie Ent-

---

39 Vgl. H. Steinkamp, Selbst «wenn die Betreuten sich ändern«, in: Diakonia
    19 (2/1988) 78-89.

sprechendes erkannt haben, und daß sie die ersten Opfer der menschen-
verachtenden Staatsgewalt werden.

Die diakonale Umgestaltung der Theologie kann von diesen Andeutungen her auf keinen Fall weg von der Wissenschaftlichkeit geschehen,
sondern nur mit und in ihr. Etwas anders formuliert: Es gibt auch so etwas wie ein Charisma eines spezifischen abstrakten und analytischen
Denkens, das nicht im Namen der Diakonie zu diskreditieren ist, sondern
das vielmehr selbst im Horizont der Diakonie zu entwerfen wäre. Denn
die wissenschaftliche Theologie ist nicht «nur» theologisches Bewußtsein
von einer ganz bestimmten Praxis und von bestimmten Subjekten, sondern hat auch durch eine gesteigerte Distanzierung von unmittelbaren
Erfahrungen eine übergreifende Konzeptfunktion! Gerade als solche wird
sie aus sich heraus eine eigene diakonale Authentizität zu entwickeln haben
– etwa schon dadurch, daß sie ihre eigene Stärke, nämlich ihre Konzeptio-
nalisierungskraft, nicht als bemächtigendes Herrschaftswissen weitergibt,
sondern sich auch darin in einer Dienstverantwortung anderen Theologien gegenüber weiß (was selbstverständlich auch ihre eigene kritische
Potenz diesen gegenüber beinhaltet).

Dies ist die Bedingung dafür, daß die wissenschaftliche Theologie die
anderen direkt diakonischen Theologiebereiche nicht annektieren muß,
sondern daß sie von sich aus, von einem eigenen diakonalen Ansatz her,
mit den direkt diakonischen Realitäten, Erfahrungen und Theologien
anderer Kirchen- und Lebensbereiche fruchtbaren und paritätischen
Austausch aufnehmen kann. Die Sensibilisierung für die Wahrnehmung
des anderen beginnt dadurch, daß man dieses Andere bei sich selber
entdeckt und aufbaut. Mit Goethe könnte man auch davon sprechen, daß
nur ein sonnenhaftes Auge die Sonne zu erblicken vermag. Auf dieser
Basis kann eine Begegnungskultur entstehen, die jenseits von Paterna-
lismus, aber auch von Servilität angesiedelt ist und auf keiner Seite Un-
terwürfigkeit oder die Minderachtung des Eigenen verlangt.

Wer sind dann die wissenschaftlichen TheologInnen, im Kontext der
diakonischen Dimension, also bezüglich einer unveräußerlichen und
wesentlichen Dimension im Selbstvollzug der Kirche?

Der Antwortversuch lautet: Akademische TheologInnen werden sich
auf die diakonale Dimension dieser akademischen Theologie zu besin-
nen haben. Dies gilt umsomehr, als die Diakonie nicht sektoral zu sehen
ist (also etwa nur bei der Theologie des Caritasverbandes), sondern das
Vorzeichen und den Aggregatszustand der gesamten Theologie, also aller
Theologien «ausmacht».[40]

---

40 Bei diesem Antwortversuch handelt es sich um eine konstitutive bzw. nor-
    mative Aussage, die von der Theologie des II. Vatikanums (Verbindung von
    Glaube und Erfahrung bzw. Praxis) und von der Theologie der Evangelisierung
    (der Verkündigung des Evangeliums in Wort und Tat auf der Basis der
    gleichstufigen Wichtigkeit aller Getauften) her ihre Kriterien nimmt.

2. Die diakonale Dimension der akademischen Theologie

Wir haben hierzulande gut funktionierende Institutionen der akademischen Theologie und wir tun gut daran, diese nicht vorschnell zu diffamieren und uns bezüglich ihrer möglichen diakonischen Qualität in eine hoffnungslose Resignation zu stürzen (was das wissenschaftliche Feld dann wieder irgendwelchen anderen dann sehr optionsarmen, historistischen und positivistischen Wissenschaften überließe), sondern diese Einrichtungen als Ressourcen, als mögliche Sozialgestalten der Diakonie selbst zu entdecken und zu entfalten. Ich will in Kürze eine solche Besinnung auf die diakonale Dimension der akademischen Theologie anstellen. Nochmals: Wenn man solche Ressourcen nicht innerhalb der eigenen Identität findet, dann ist man auch untauglich für Anschlüsse an die reale Diakonie und an die diakonale Theologie. Dann müßte man wirklich aus der wissenschaftlichen Theologie aussteigen, um diakonisch zu werden. Doch ist diese Bedingung schlechterdings nicht gegeben!

Ressourcen der Diakonie erfahren viele Beteiligte in der akademischen Theologie allemal; wie weit sie freilich ausgebaut und entfaltet werden, steht auf einem anderen Blatt (z.b. hinsichtlich der paritätischen Lehr- und Lernstrukturen zwischen dominant Lehrenden und Lernenden).

Man kann diese Ressource durchaus am Stichwort der «Freiheit» und «Befreiung» durchbuchstabieren:

Mehr denn je sind heutzutage konzeptionelle Konturen nötig, die Konsensfähigkeit unter denkenden Menschen ermöglichen – gegen den Trend, Subjektivität als Subjektivismus zu verstehen, in Erfahrungen zu ersaufen und Betroffenheitszwänge zu provozieren, die die Menschen mindestens genauso erschlagen können wie zwingende Argumentationen. Das Lernen von Distanzfähigkeit wird hier zum Integral der Befreiung der eigenen Subjektivität wie auch der kommunikativen Kraft durch Konsens und Toleranz. Die wissenschaftliche Theologie ist demnach ein Ort der möglichen Freiheit der Lehre und Forschung gegenüber Unterdrückung und Bevormundung, nicht nur von seiten des Staates oder der Gesellschaft, sondern auch vom Innenbereich der Kirche her. So wird sich die universitäre Theologie sehr wohl gegen ihre eigene Reduktion als Erfüllungsgehilfin der Lehramtstheologie zu wehren haben. Denn dieses Paradigma kann gleichberechtigten Dialog zwischen diesen beiden Theologieorten nicht mehr zulassen, was dann auch den Dialog der wissenschaftlichen Theologie im eigenen Bereich zerstören würde, weil ständig autoritative Denkverbote das Denken und die Beziehungen der Beteiligten zersetzten. Der Streit um die Befreiung der Gedankenfreiheit in Kirche und Gesellschaft ist ein genuines Anliegen der Diakonie.[41]

---

41 Dies hat sich auch in vielen Reaktionen auf die «Kölner Erklärung» gezeigt, in denen das Wort der ProfessorInnen als ein solidarischer «Befreiungsschlag» erlebt wurde.

– Es geht um die Freiheit, die in der *Konzeptionalisierung* von Lebenspraxis und Einsichten liegt. Abstraktion ist nicht per se schlecht. Die menschliche Fähigkeit der kognitiven Distanzierung von sich selbst und von anderen wie auch von Tatbeständen verhindert vorschnelle Realitätsunterwerfungen und ermöglicht aus dem Abstandnehmen heraus die Befähigung zur kritischen Kompetenz; dies umso mehr, als die Distanzierung aus inhaltlichen Gründen geschieht.[42] Dadurch wird die Reduktion von durchaus immer wieder notwendigen Abhängigkeiten auf vorurteilbestimmtes Einschnappverhalten verhindert.

– Es geht um die *Freiheit des Diskurses*. Jedes Argument als solches wiegt und ist etwas wert, gleichgültig welche Autorität dahinter steht oder nicht, gleichgültig wer es bringt. Sozial bedeutet dies natürlich den Aufbau eines gemeinsamen dialogischen und paritätischen Lernens, wo man «noch» sanktionsfrei alles sagen und denken darf. Dieser Freiraum, sagen zu dürfen, was man denkt, ist aus durch und durch diakonischen Gründen absolut schützenswert.

– Es geht um die Freiheit des *Dialogs mit den sogenannten profanen Wissenschaften*, insbesondere mit den Geistes- und Humanwissenschaften. Strukturanalog zu den Caritasbereichen, die gar nicht auskommen können ohne den Austausch mit den entsprechenden Humanwissenschaften und vor allem nicht ohne die notwendige Professionalisierung auf deren eigenem Gebiet (was in sich bereits einen maßgeblichen Tatbestand der Inkulturation ausmacht), leistet sich die wissenschaftliche Theologie einen ähnlichen Austausch, freilich und notwendig auf dem authentischen Feld ihrer eigenen Wissenschaftlichkeit. In der Kooption mit entsprechenden Humanwissenschaften, zum Heil der Menschen dazusein und zu arbeiten, geschieht eine solche Begegnung auch unter diakonaler Perspektive und ist nicht nur wegen der wissenschaftlichen Qualität ihrer Aussagen selbst (durch entsprechende Interdisziplinarität) höchst notwendig. Dabei wird eine durchaus kritische Vernetzung mit den außertheologischen Wissenschaften angebracht sein, gerade wenn es um die Frage nach der humanisierenden Potenz ihrer Ergebnisse geht.

– Es geht um die Freiheit der und um die *Befreiung durch Ideologiekritik*. Empathie trifft besonders dann ihr Ziel sachgerecht, wenn sie sich mit der Analyse komplexer Zusammenhänge verbündet. Ideologiekritik hat eine wissenschaftlich-kognitive und erfahrungs-praktische Dimension. Dabei wird man die affektive Dimension im wissenschaftlichen Diskurs selbst einzuholen haben. Denn man kann wohl auch kognitiv nur entdecken, was man im Herzen erfühlen kann. Die Grundfrage lautet hier: Wie gelangt die Empathie bezüglich Gerechtigkeit und Barmherzigkeit in die wissenschaftliche Theologie und in ihr Strukturprinzip hinein, so daß

---

42 Vgl. dazu O. Fuchs, Dabeibleiben oder Weggehen? Christen im Konflikt mit der Kirche, München 1989, 38ff.

Inhalte und Denken nicht zugunsten des Herrschaftswissens und Status-gehabes verzweckt werden, sondern allein in der Humanisierung der Gesellschaft und der Erde und damit in der ansatzhaften Vergeschicht-lichung des Reiches Gottes ihren Zweck haben? Hier wird noch viel wissenschaftstheoretisch über das Verhältnis von Interesse und Erkenntnis nachzudenken sein. Auch bei dieser Fragestellung geht es in keiner Weise um die Verabschiedung des wissenschaftlichen Anspruchs, sondern es ist vielmehr ein ganz spezifischer Umgang mit der Wissenschaft erforder-lich. Dieser Umgang wird in ihr selbst als die Reflexion ihres Interesses thematisiert. Letzteres kann für eine diakonale Theologie nur ein diakoni-sches sein.

3. Kontextuelle Bedingungen

Die diakonale Bezogenheit oder diesbezügliche Kontextualität der wis-senschaftlichen praktischen Theologie besteht demnach nicht darin, daß sie sich dachförmig zu einer universalen diakonalen Theologie aufbläht, sondern daß sie ihren eigenen Ort in den vielfältigen Theologiefeldern der ChristInnen und Kirchen aufsucht und darin ihre eigene diakonale Qualität wie auch ihre eigene diakonale Funktion gegenüber den ande-ren Sozialbereichen entdeckt. Ging es eben um die erstere, so geht es jetzt um die letztere.

a) Austausch mit diakonalen Lebens- und Theologiefeldern (intersystemischer Aspekt)

Ihren lateralen diakonalen Stellenwert wird die akademische, insbeson-dere praktische, Theologie finden, wenn sie mit den diakonischen Lebens- und Arbeitsbereichen sowie deren Theologien Kontakt aufnimmt und Austausch pflegt, und zwar einen personalen Austausch der Begegnung wie auch einen damit verbundenen oder auch darüber hinausgehenden inhaltlichen Austausch.[43] In der Bundesrepublik bieten sich für die wis-senschaftliche Theologie wie auch für andere kirchliche Systembereiche die vielfältigen diakonischen Lebensbereiche des Caritasverbandes, aber auch schon entsprechende Initiativen in vielen Gemeinden an. Doch auch

---

43 Ähnliches gilt für andere kirchliche Systeme: indem beispielsweise die Er-wachsenenbildung einer Gemeinde entsprechende Fachleute aus dem Be-reich der Caritas (also Hauptamtliche, die mit Betroffenen zu tun haben) einlädt, um von diesen wirklich aus erster Hand etwas über die soziale Wirk-lichkeit zu erfahren; ähnliches geschieht in der Priesterausbildung, wenn die Kandidaten entsprechende Praktika leisten bzw. eine längere Intensivwo-che im Bereich des Caritasverbandes und seiner Einrichtungen gestalten.

mit der diakonischen Realität ohne explizit christlich-theologisches Bewußtsein wird man Kontakt aufzunehmen haben – zugunsten einer kritischen und empfehlenden Provokation in die Kirchen hinein (viele Humanisierungstendenzen hat die Kirche erst im nachhinein aus dem gesellschaftlichen Bereich in die eigene Theologie und Praxis übernommen; ich denke etwa an die Universalisierung der Menschenwürde, an die intensive innerkirchliche Auseinandersetzung mit den Fragen des Friedens, der Gerechtigkeit, der Ökologie usw.).

Dabei muß festgehalten werden: Will die wissenschaftliche Theologie ihre eigene Identität nicht aufgeben, dann braucht sie zu eben dieser Wissenschaftlichkeit (einschließlich ihrer diakonischen Interessen und Realisierungen) selbst viel Ressourcen, Zeit und Energie. Deshalb ist die Kapazität der akademischen Theologie und des Theologiestudiums, in sich selbst die diakonische Praxiserfahrung in extenso aufzunehmen und zu ermöglichen, strukturell begrenzt.

Die Aufgabe der akademischen Theologie besteht in dieser Begrenzung darin, die von ihr eingesehene und vertretene konzeptionelle ekklesiologische Bedeutung der Diakonie bei den Institutionen einzuklagen, die hierzulande für die praktische Ausbildung der pastoralen Berufe verantwortlich sind. Ich wage einen auf den ersten Blick überraschenden Vorschlag: Wie wäre es, wenn wenigstens die Zeitspanne des Diakonats bei künftigen Priestern der Bezeichnung dieser Weihestufe entspräche? Schließlich ist in der Priesterweihe selbst von der Verantwortung für die Armen die Rede. Ein Jahr im Bereich der Diakonie zu leben, wäre schon viel und würde nicht ohne Einfluß bleiben. Dann erfolgte wenigstens beim zeitweisen Diakonat jene ämtertheologische Akzeptanz der realen Diakonie, die das ständige Diakonat durch dessen Konzentration oder aber auch Abdriften auf die liturgischen und verkündigungsbezogenen Bereiche weitgehend (mit wenigen Ausnahmen) versäumte. Dann wäre das Diakonsein nicht nur eine zeitlich begrenzte Zwischenphase, sondern hätte die Chance, von daher als «lebenslanges Zwischenspiel» im Leben des Priesters ernstgenommen zu werden.[44] Entsprechende provokante Ansprüche an die Priesterseminare, aber auch an die Mentorate müßten folgen – durchaus verbunden mit dem Angebot der Mitarbeit der wissenschaftlichen TheologInnen und ihrer dabei beanspruchten Partizipation. Letzteres ist durchaus möglich, während eine von der wissenschaftlichen Theologie selbst vertretene eigene Organisation von entsprechenden Praktika und der nötigen Begleitungsarbeit für sie eine Überforderung wäre (jedenfalls bei der gegenwärtigen strukturellen und personalen Situation der akademischen Theologie).

Die wissenschaftlichen TheologInnen werden demnach mehr provo-

---

44   Vgl. dazu K. Hillenbrand, Die Liebe Christi drängt uns. Gedanken zum Dienst des Priesters, Würzburg 1992, 41ff.

zieren, schützen und argumentativ verteidigen, als sie selber tun können. Zugleich sind sie gerade in dieser Funktion nur glaubwürdig, wenn sie die Anliegen derer, die sie provozieren und schützen, in ihrer Wissenschaft wie auch in ihrer kommunikativen Organisation wichtig nehmen und dann eben in diesem Bereich verwirklichen. Vieles können sie einfach nicht leisten, etwa die Aufarbeitung von Ängsten (die immer mit diakonischen Begegnungen verbunden sind) in kleineren Gruppen: Solche nicht primär kognitiven, sondern affektiven Verarbeitungen von Erfahrungen können im wissenschaftlichen Bereich nicht leicht übernommen werden. Hier gibt es also Grenzen im System, deren Überschreitung nicht allein den Personen aufgebürdet werden kann (auch letzteres ist ein Postulat der Diakonie), sondern dann schon durch Systemveränderungen ermöglicht sein muß.

b) *Direkte persönliche Erfahrungen in der aktiven und passiven Diakonie[45] (intersubjektiver Aspekt)*

Ohne direkten Diakoniebezug gibt es nie Subjekte, die diakonische Theologie betreiben könnten. Dies ist ein unumgängliches Axiom, weil prinzipiell die Betroffenen die Definitionsmacht über das haben, was Barmherzigkeit und Gerechtigkeit ist, und insofern auch Exponenten der wissenschaftlichen Theologie nur dann eine Sensibilität für diesen Tatbestand bekommen, wenn sie in ihrem eigenen Leben die Erfahrungen des Tatbestandes zulassen, daß Betroffene diesbezüglich die «ProfessorInnen der ProfessorInnen» sind. Ohne die *Singularität* (konkrete Einzelheit) entsprechender Erfahrungen und Wegbegleitungen (deren es im eigenen Leben immer nur wenige gibt und geben kann) gibt es auch keine Subjekte einer wissenschaftlichen diakonalen Theologie, die in authentischer Weise diakonische Belange universalisierbar konzeptionalisieren könnte. Hier ist jene Kontextualisierung der wissenschaftlichen Theologie angesprochen, die das Theologietreiben des Subjekts selbst in dessen direkten diakonischen Kontext hineinholt – freilich nur insofern, als dies das Leben eines einzelnen und seiner Biographie zuläßt.

Hier könnte vieles gesagt werden von der radikalisierenden Kraft direkter Leiderfahrungen und direkter diakonischer Wegbegleitungen und Betroffenheiten.[46] Hier geht es nicht um Quantitäten, auch nicht um dominant professionelle und hauptberufliche Ansprüche, sondern einfach um die Vereinbarkeit der Haltung und des Lebens des Theologen bzw.

---

45 Aktive Diakonie meint den Hilfs- und Befreiungsdienst an leidenden Menschen, passive Diakonie benennt die eigene Hilfsbedürftigkeit und Noterfahrung, in der man selbst auf Diakonie angewiesen war oder ist.

46 Vgl. O. Fuchs, Evangelisierungsversuche, in: Pastoraltheologische Informationen 8 (1/1989) 109-122.

der Theologin mit dem, was inhaltlich an Diakonie vertreten wird. Es geht um die Glaubwürdigkeit, die nicht aus der wissenschaftlichen Theologie herauskatapultiert werden kann, sondern ein integraler Bestandteil ihrer selbst darstellt. Ich zweifle nicht daran, daß jede/r solche Erfahrungen längst in seinem/ihrem Leben hat. Dazu kann und darf nicht «moralisiert» werden. Entscheidend ist freilich die Frage, ob die TheologInnen von einer solchen Intensität einer ganz bestimmten not-wendigen Unbeliebigkeit im Erleben und Handeln nicht nur sich, sondern auch ihre Theologie treffen lassen. Denn dann kann auch die letztere nicht mehr ohne unbeliebige Optionen auskommen.

Hier geht es um die Frage nach der persönlichen Authentizität der wissenschaftlichen Theologie: daß solche Erfahrungen nicht aus der wissenschaftlichen theologischen Arbeit herausgehalten werden, sondern daß man von ihnen her zu leben und zu denken anfängt. Erst dann werden diese Erfahrungen nicht privatisiert und individualisiert, sondern in ihrer unmittelbaren Evidenz für die mittelbare Wissenschaft akzeptiert, nämlich als eigenes Erkenntnisinteresse. Indem das, wovon man auch biographisch und persönlich lebt, konstitutiv in die Theologie hineingeholt wird (implizit wird sie davon ohnehin beeinflußt), gelangen dann Gerechtigkeit und Barmherzigkeit in die wissenschaftliche Theologie hinein – als Optionen der theologieschaffenden Subjekte, die im Aggregatszustand der Wissenschaft als Erkenntnisinteressen greifbar und diskurssteuernd sind.[47]

Solche aus der direkten Begegnung mit diakonalen «ProfessorInnen» – mit Betroffenen bzw. mit solchen, die mit Betroffenen zu tun haben – erwachsenden persönlichen Grundoptionen sind die Bedingung dafür, daß die Diakonie im Feld der wissenschaftlichen Theologie (und zwar nicht jenseits, sondern gerade mittels der Person des/r wissenschaftlichen TheologIn selbst) authentisch vorkommt und daß entsprechende «Betroffenheit» auf den theologischen Begriff gebracht wird: als Erkenntnisvoraussetzung des theologischen Diskurses, die nicht als eine unter vielen Erkenntnisvoraussetzungen für den letzteren zu konzipieren ist, sondern als dessen Erkenntnisvoraussetzung schlechthin gedacht werden muß. Denn nur über das Subjekt gelangt die Sicht der Diakonie wie auch die Diakonie selbst in die wissenschaftliche Theologie hinein – wie auch sonst? Niemand betreibt wirklich Theologie, der sie nicht von der Basis und aus der Perspektive der Barmherzigkeit und Gerechtigkeit betreibt. Erst dann entdecken Theologin und Theologe in der sozialen Realität wie auch in den Gegebenheiten der Tradition (s.o. Abschnitt III/3.) jene Theologie, die zum

---

47 Vgl. dazu O. Fuchs, Krise der Theologie: Krise der Theolog(inn)en?, in: I. Cremer/D. Funke (Hrsg.), Diakonisches Handeln. Herausforderungen - Konfliktfelder - Optionen, Freiburg i. B. 1988, 56-71, 62ff.

Heil der Menschen auskommt und sich gründlich dagegen wehrt, anderen demgegenüber kontraeffektiven Interessen vorgespannt zu werden.

Fazit:

Insgesamt gibt es also für die wissenschaftliche Theologie zwei «direkte» Kontakte zur Welt der «direkten» Diakonie: einmal die persönliche Diakoniegeschichte (in entsprechenden persönlichen Begegnungen, diakonischen Lebensfeldern und vergleichbaren Betroffenheiten), welche gleichsam die «subjektive Empirie» grundlegt, in der die Person eine Mentalität und ein Klima in sich aufbaut, worin Not «gerochen» werden kann und wo entsprechende Hilfs- und Befreiungswege gesucht werden. Zu diesem Kontakt im intersubjektiven Bereich[48] kommt zweitens der intersystemische Aspekt des Austausches mit anderen Lebens- und Theologiesystemen, in denen man von der Zielbestimmung her direkt mit Diakonie zu tun hat. Der Caritasverband ist ein solches System.[49]

In der Singularität der persönlichen Diakonieerfahrungen schmelzen sich wie in einem Katalysator die wesentlichen und notwendigen Inhalte auch der jeweiligen wissenschaftlichen Theologie aus, sofern man eine Verbindung von beiden «Welten» nicht nur zuläßt, sondern aktiviert. Manche bisherigen «Wichtigkeiten» lassen sich an dieser Radikalität als belanglos ausscheiden. Ähnliches gilt für den intersystemischen Kontakt: Auch hier wird die wissenschaftliche Theologie sich und nicht zuletzt die Kirche an anderen, hier insbesondere an direkt diakonischen Systemen aufs Spiel setzen dürfen. So haben diese beiden Kontakte eine doppelte ideologiekritische Wirkung für die akademische Theologie selbst, und zwar im Sinn einer doppelten Entgrenzung: Betroffene haben im Zentrum der wissenschaftlichen Theologie immer etwas zu sagen. Ihre Kritik sprengt

---

48 Die Benennung «intersubjektiv» meint den persönlichen Bezug des einzelnen zur Erfahrung der Diakonie und ist nicht exklusiv gemeint, als seien die anderen Bezüge zu diakonalen Realitäten und Institutionen (z.B. zum Caritasverband) nicht auch intersubjektiv. Freilich besteht ein Unterschied in der Nähe zur eigenen Biographie und Betroffenheit zwischen dem, was einen direkt betrifft, und dem, was man in den entsprechenden Systemen an «allgemeinerer» Not- und Hilfeerfahrung wahrnimmt. Damit ist nicht ausgeschlossen, daß gerade solche Wahrnehmungen auch die persönliche Geschichte stark beeinflussen können. Überhaupt ist die indirekte erzählte Empirie der Not und Befreiung von Menschen in beiden Kontaktfeldern eine nicht wegzudenkende und durchaus intensive Dimension.

49 Zu diesem systemischen Aspekt und seiner Vernetzung mit dem intersubjektiven Aspekt, aber auch zu seiner Unterscheidung vom letzteren vgl. O. Fuchs, Kirche - Kabel - Kapital. Standpunkte einer christlichen Medienpolitik, Münster 1989, 196-212.

50 So klammert beispielsweise eine Glaubenskonzeption, die nur auf der Ba-

die nicht-diakonalen Einnistungen innerhalb theologischer Systeme (wobei offen bleiben darf, ob sie selbst oder ihre «Lobby» diese Kritik einbringen).[50] Dieser Entgrenzung nach innen entspricht eine Entgrenzung nach außen, indem gerade die akademische Theologie sich nach allen humanwissenschaftlichen Konzepten und humanisierenden Handlungsmodellen auf die Suche macht, welche im Sinne der Diakonie mit Menschen und Völkern umgehen und deren Gerechtigkeit, Befreiung und Heil wollen.

Bei diesen beiden Kontakten handelt es sich um eben jene Dimension der akademischen Theologie, die der «Befreiungstheologe»[51] G. Gutiérrez folgendermaßen beschreibt: Das Entscheidende für eine Theologie, die authentisch mit der Befreiung der Armen und Unterdrückten zu tun hat, ist die Tatsache, daß man bei den Armen Freunde hat *und* daß man von den Armen als ihr Freund angesehen wird. Damit dies geschieht, muß viel von den eben genannten Kontakten geschehen! Bezogen auf das Verhältnis der akademischen Theologie und der Caritasverbände hieße dies, daß die akademische Theologie nur dann auf ihrem eigenen Feld mit dem Anliegen der Diakonie zu tun hat, wenn sie in den Caritasverbänden Freunde hat und von diesen als Freund betrachtet werden kann. Je mehr dies der Fall ist, desto mehr werden sich die betreffenden TheologInnen selbst aufgrund immer entschiedenerer Optionen ihrer Theologie sowohl kirchliche wie auch andersartige theologische Eingriffe und Angriffe einhandeln.

Von solchen Orten und Quellen her gestaltet die wissenschaftliche Theologie füglich ihre eigene empirische und konzeptionelle Arbeit (und ersetzt diese nicht durch die Besetzung dieser Orte und Quellen selbst) sowie ihre Auseinandersetzung mit den Humanwissenschaften.

4. Diakonischer Kontakt mit der Tradition

Selbstverständlich darf in der Frage nach dem kritischen und provozie-

---

sis einer kognitiven Entscheidung operiert, von vornherein einen Gutteil der geistigbehinderten Menschen aus dem Glaubensbegriff aus; vgl. O. Fuchs, Leben mit psychisch kranken Menschen im Horizont christlicher Theologie, in: H. Axtmann/U. Bernauer (Hrsg.), Was gilt der Mensch?, Freiburg i. B. 1991, 49-78, 54ff.

51 Der Begriff «Befreiungstheologe» ist hier deshalb in Anführungsstrichen gesetzt, weil in der folgenden Aussage Gutiérrez selbst zu dieser Selbstbezeichnung in einige Distanz geht, insofern er sich nicht zu den Armen zählt, auf deren Basis eine «unmittelbare» Theologie der Befreiung authentisch entstehen kann. Diese Information bezüglich Gutiérrez verdanke ich einem Kollegen, der diese Äußerungen von Gutiérrez aus einem Gespräch mit ihm berichtet hat.

renden Austausch mit anderen Systemen nicht die für die christliche Theologie immer lebens- und identitätsnotwendige jüdisch-christliche Tradition in Bibel und Kirche vergessen werden. Dieser Vergangenheitsbezug kann durchaus als eine wesentliche Kontaktstelle zu gewesenen diakonalen Systemen und diakonischen Personen aufgefaßt werden, sofern die Geschichten der Vergangenheit nicht anders denn aus der Option der Barmherzigkeit und Gerechtigkeit rezipiert werden. Dadurch wird eine selbstkritische Begegnung mit der Diakonie der Vergangenheit aufgenommen: bezüglich des Menschen- wie auch des Gottesbegriffes, hinsichtlich des Imperativs, aber «vor» diesem des Indikativs der Diakonie, mit der Gott in seiner unbedingten Liebe und Versöhnungsbereitschaft auf die Menschen in ihren Begrenzungen und in ihrer Sünde zugeht.

Insofern ChristInnen sich und ihre Zukunft letztlich in diesem Gott festmachen und nicht anderswo, eröffnet sich eine nie versiegende Quelle des Vertrauens, in der die Grundangst und die vielen einzelnen Ängste der Menschen so «bewältigt» werden können, daß sie nicht mehr die eigene Existenz und auch nicht mehr das Leben anderer verzerren und zerstören müssen. Hier, in der Diakonie Gottes den Menschen gegenüber, liegt wohl der tiefste und zugleich geheimnisvollste Ermöglichungsgrund der Diakonie, die den Menschen gegenüber seinesgleichen aufgegeben ist. Und hier liegt auch die Bedingung dafür, daß der Imperativ zum zwischenmenschlichen diakonischen Handeln letztlich kein Gesetz ist, sondern aus dem Geschenk der Liebe Gottes selbst herauswächst. An dieser Stelle wäre sehr viel zu sagen zur diakonalen Dimension der Verkündigung, insbesondere der Sakramente und der Liturgie überhaupt.[52] Doch kann dies hier nicht weiter verfolgt werden.

Nur noch einen Gedanken möchte ich in diesem Zusammenhang unterstreichen: Die Kontaktaufnahme mit der Vergangenheit ist immer zugleich eine Begegnung mit Menschen, die gelebt haben und gestorben sind. Daß die Erinnerung an sie nicht verloren geht, ist selbst ein Vollzug der Diakonie, nämlich der Diakonie an den uns gegenüber wehrlosen Toten, so daß die Erinnerung an diese, vor allem an die Opfer, nicht verloren geht, daß kein Jota ihrer Zeugnisse mutwillig zerstört wird. Auch diese in die Vergangenheit reichende heilende und befreiende Beziehung den Toten gegenüber ist ein Aspekt der Rettung von Leben, nicht zuletzt für unser Leben.[53]

---

52   Vgl. dazu die Ausführungen in Fuchs, Heilen 168-208.
53   Zur «Ethik der Kommunikation« mit den Toten im Horizont jüdisch-christlicher Traditionsarbeit vgl. O. Fuchs, Die Bilder der Bibel und unser Zeitgefühl, in: Diakonia 16 (5/1985) 299-311; ders., Textanalyse im Horizont kommunikativer Praxis, in: Biblische Notizen 35 (1986) 37-49.

5. Die Diakonie als Strukturprinzip der Theologie

Die Diakonie benennt die praktische «erdgebundene» Manifestation der Soteriologie, der eschatologischen Heilsbotschaft des Reiches Gottes in seinen Möglichkeiten des «Doch-schon» und in seinen Unmöglichkeiten des «Noch-nicht». Ekklesiologisch benennt sie damit den Tatbestand, daß sich die Kirche als Heilssakrament für die Welt begreift. Um das Heil, die Erlösung und Befreiung der Menschen im Horizont des biblischen Gottesglaubens geht es bei allen theologischen Disziplinen allemal. Sie haben deshalb die Verantwortung, jeweils aus ihrer eigenen Perspektive heraus diese Soteriologie (als Versöhnung Gottes mit den Sündern, als die Umkehrmöglichkeit der Menschen zum gegenseitigen Heilshandeln, als die Verheißung ihrer gottgegebenen Zukunft) zur Grundlage ihrer Arbeit zu machen.

Im Kontext der Gesamttheologie übernimmt die praktische Theologie die spezifisch prophetische Aufgabe (hier strikt verstanden als die Einklage des notwendigen, wenigstens annähernden Übereinstimmungsverhältnisses von Wort und Tat, von Glauben und Leben) und damit kritische Verantwortung (was nicht bedeutet, daß sie sich über die anderen Disziplinen stellte) den anderen Disziplinen und sich selbst gegenüber, ob ihre Konzepte denn Raum haben für alle Menschen, z.B. auch für mehrfach Schwerstbehinderte, die ersichtlich keine kognitiven Entscheidungen treffen können, aber dennoch vollwertige Menschen und Kinder Gottes sind. Wer beispielsweise den Glaubensbegriff entbildert und den zugrundegelegten Existenzbegriff vornehmlich auf die Selbstreflexion reduziert, denkt bereits in seiner Theologie nicht an schwerstgeistigbehinderte Menschen. Entsprechende Ausblendungen gehen vom Standard des starken, gesunden und normalen Menschen aus und sind deshalb implizit diakoniefeindlich.

Wir stoßen hier auf die Grundfrage nicht nur der Theologie, sondern auch der Kirche: Gehen sie mit einer Fiktion bzw. einer Inszenierung von den Menschen oder mit den realen Menschen um? Die jeweilige Praxis stellt einen Spiegel dafür dar, welche Anthropologie und Theologie hier (vielleicht entgegen mancher verbalen Behauptung) tatsächlich herrschen.[54] Gott jedenfalls geht in Jesus von Nazareth mit den Menschen so um, wie sie sind: als Sünder, als Leidende und als «Hilflose». Er läßt die ganze Ohnmacht der Menschen an seinen eigenen Leib heran und erlebt sie in sich selber. Vor Gott also brauchen die Menschen die dunklen und ohnmächtigen Seiten ihrer Existenz nicht zu verstecken. Sie lernen vielmehr

---

54 Zu ähnlichen Problemen im Zusammenhang der Aids-Problematik vgl. meinen Beitrag: Umgang mit Aids in christlicher Gemeinde, in: T. Kruse/ H. Wagner (Hrsg.), Aids. Anstöße für Unterricht und Gemeindearbeit, München 1988, 100-139.

aus seiner Versöhnung heraus mit diesen Anteilen ihres Lebens nicht-destruktiv zu leben und mit *diesem* Spezifikum menschlicher Existenz heilend umzugehen.

Ich denke in diesem Zusammenhang z.b. an das Verhältnis des Kirchenrechts und der Kirchendisziplin auf der einen Seite zu der Diakonie auf der anderen Seite: Wenn gerade in der Eucharistie die unbedingte Liebe Gottes auf die Sünder zukommt (war doch das Abendmahl die Besiegelung all jener Mähler Jesu mit den Sündern), dann kann es theologisch schlechterdings nicht «rechtens» sein, wenn wiederverheiratete geschiedene Gläubige aus dieser sakramentalen Diakonie Gottes ihnen gegenüber ausgesperrt werden.

Nicht wenige Hauptamtliche und insbesondere Priester in der Pastoral sprechen davon, daß sie sich oft, wenn sie strikt diakonisch mit Menschen umgehen wollen, im moralischen oder im ethischen Niemandsland befinden, wo sie zugunsten konkreter Menschen und Situationen «Kompromisse» eingehen, die nicht ohne die Anrüchigkeit des prinzipiell nicht Erlaubten auskommen. Man wird wohl demgegenüber das Verhältnis von Ethik bzw. Recht und Diakonie kontextuell zu bestimmen haben, damit nicht das menschlich und diakonisch notwendige und damit christliche Handeln im konkreten Ernstfall (welcher immer eingebettet ist in Vorgegebenheiten der Schwäche und des Scheiterns) an den Rand kirchlicher und theologischer Legalität gerät. Eine prinzipielle Rehabilitierung der Diakonie dürfte von daher nicht wenigen theologischen Disziplinen einige Turbulenzen und Innovationen einbringen.

Erst wenn in der christlichen Theologie die Prävalenz der Diakonie gerettet ist, werden schlimme Instrumentalisierungen und Einschränkungen der Diakonie im Schlepptau moralischer, rechtlicher und disziplinärer Überprinzipien verhindert. Demgegenüber stünde in den gefragten Disziplinen die rechtliche und ethische Einholung der Diakonie selbst zu Gebote.

6. «Wächteramt» über die Diakonie der Kirche

In ihrer Beziehung zu den realexistierenden kirchlichen Sozialgestalten und Organisationen wird die (insbesondere praktische) Theologie ein dreifaches Wächteramt zu übernehmen haben, das sie freilich nicht als Bevormundung, sondern als diesbezüglichen Dienst an der Kirche verstehen wird. Es geht dabei um die prophetische Kritik der Kirche, ob sie tatsächlich die Identität realisiert, die sie lehramtlich über sich selbst definiert, nämlich Vollzugsort der Evangelisierung, der Verkündigung der Botschaft in Wort und Tat zu sein. Denn insbesondere die diakonische Praxis liefert den Test für das richtige Verhältnis von Glauben und Leben.

a) Die Diakonie darf nie instrumentalisiert werden, auch nicht zur Institutionserhaltung und auch nicht zur «Rekrutierung» der Kirchenmitglieder!

Diakonisches Handeln findet seinen primären Zweck immer in sich selbst, wie die Selbstevangelisierung von christlicher und kirchlicher Existenz in Wort und Tat erst die Identität der Kirche ausmacht, die dann auch authentisch und glaubwürdig «nach außen» evangelisieren kann.[55] Auf keinen Fall dürfen Wirkungsstrategien von dieser Identitätsfrage abgekoppelt werden.

Erst wenn es letztlich um diakonische Belange geht, wird man sich buchstäblich «notwendige» Entzweiungen einhandeln, nicht zuletzt auch zwischen den ChristInnen selber, und man wird auch von daher auf inszenierte Scheinkonflikte verzichten können (z.b. bezüglich rubrizistischer Differenzierungen und Differenzen).

Von diesen hier nur kurzen Andeutungen her verbietet sich auch jeder integralistische Ansatz der Kirchenbildung, als sei nur dann die Verkündigung des Evangeliums in Wort und Tat sinnvoll, wenn als primäres Ziel und Ergebnis eine größere, insbesondere dogmatische und liturgische Integration der Menschen in die gegebene Kirche hinein angestrebt und erreicht würde. Schließlich kann es auch nicht zuerst darum gehen, der Institution Kirche in unserer Gesellschaft möglichst viel Einfluß und Macht zu verschaffen, mit der Unterstellung, daß sie erst dann ihre christliche Wirkung entfalten könne.

Wenn sich beispielsweise die Kirchen in der gegenwärtigen neuen marktorientierten Medienlandschaft als medienwirksam öffentlich behaupten wollen und sich derart den kapitalistischen Marktgesetzen unterordnen, daß sie sich selbst mit möglichst viel Kapital entsprechende Medienfenster und Beteiligungen verschaffen (durchaus mit dem inhaltlichen Anspruch, daß die Kirche dann in diesen Medien auch die Stimme für diejenigen erheben könne, die darin nicht vorkommen), dann kämpft sie mehr für ihre Selbstbehauptung als für die Behauptung der Benachteiligten!

Denn kämpfte sie primär für die Benachteiligten (hier in der angegebenen Medienszene), müßte sie zumindest *auch* medienpolitisch dafür eintreten, daß man die Medienstrukturen selbst so verändert, daß Gruppen *ohne Geld* in diesen Medien *direkt* ihren Mund aufmachen können und nicht auf die Fürsorglichkeit kapitalstarker Institutionen angewiesen sind. Denn dann könnten diese Gruppen womöglich Inhalte einbringen, die auch der Selbstbehauptung der fürsorglichen Kirche unangenehm werden können. Ein wirklich diakonischer Umgang mit den Öffentlichkeitsmöglichkeiten beläßt und instrumentalisiert diese nicht, sondern will sie

---

55 Der Evangelisierungsbegriff ist geradezu ein Gegenbegriff zur Christianisierung: vgl. E. Klinger, Die Kirche der Basisgemeinden, in: ders./R. Zerfaß (Hrsg.), Die Basisgemeinden - ein Schritt auf dem Weg zur Kirche des Konzils, Würzburg 1984, 43-57, 50ff.

so verändern, daß möglichst viele an dieser Öffentlichkeit partizipieren können. Eben diese Strategie wird öffentliches Interesse erregen![56]

b) Nicht Ausgrenzung und Uniformität, sondern diakonische Entgrenzung!

Hier kann nur angedeutet werden, was in der Diakoniediskussion aufgrund der sprachlichen Schwierigkeiten wohl zuwenig thematisiert wird: Inwiefern nämlich hat der jüdisch-christliche Gottesglaube selbst diakonische Qualität, nicht zuerst im Sinne des Imperativs, sondern im Sinne der Selbstvergewisserung der Gegebenheit Gottes, *seiner* unbedingten Diakonie den Menschen gegenüber. Für viele Außenstehende ist es ein Rätsel, daß ChristInnen von der unbedingten Annahme ihrer selbst durch Gott und von der ständigen Versöhnung Gottes reden, die in den Sakramenten auf sie zu kommt und die sie darin auch aufzunehmen vorgeben, aber dann doch als Menschen erfahrbar sind, in denen diese behauptete Liebe Gottes irgendwie «stecken bleibt» und nicht oder viel zu wenig bei den Mitmenschen und insbesondere bei den Fremden als Menschenliebe ankommt.

Offensichtlich «funktioniert» etwas nicht mit unserem Gottesglauben, wenn er immer wieder mehr als Ideologie der Ausgrenzung denn als Ermöglichung der Entgrenzung auf die Menschen zu erlebt und verwirklicht wird. Insbesondere geht es um die Entgrenzung nach innen, daß jeder bedrängte Mensch im Zentrum der Kirche willkommen ist (als Empfänger von Hilfe und Befreiung wie auch als einer, der aufgrund seiner Erfahrungen etwas zu sagen hat), wobei es herzlich wenig von Belang ist, wie nahe er dem christlichen Glauben steht oder nicht. Dem entspricht die Entgrenzung nach außen, insofern ChristInnen mit allen Menschen und Gruppen zusammenarbeiten, denen es ebenfalls um Hilfe und Befreiung in dieser Welt geht, wobei auch hier deren Entfernung zum christlichen *Glauben* auf keinen Fall diese Solidarität im gemeinsamen Handeln verhindern darf.

Deshalb steht die Diakonie in der Martyria, in der Glaubensvergewisserung selber an: Gottes universale Gegenwart in der Geschichte verhindert nie die Freiheit der Kinder Gottes, sondern kann sie nur ermöglichen – in den Manifestationen der Pluralität sowie in der gegenseitigen Bereicherung und Kritik. ChristInnen müssen ihre Einheit nicht durch erzwungene Meinungsübereinstimmungen selber «machen» (abgesehen davon, daß dies ohne Menschenverachtung kaum möglich ist), sondern wissen sich im gemeinsamen Gott vereint, auch und gerade dann, wenn sie nicht einer Meinung sind. Die Geschichte des Apostelkonzils (vgl. Gal 1-2) zeigt deutlich, daß man auch ohne Konsens weiterhin zusammenhalten kann, insbesondere über das Band der Diakonie.[57] Eben dies müssen wir

---

56 Vgl. dazu Fuchs, Kabel, passim.

57 Vgl. dazu meine Überlegungen in: Zwischen Wahrhaftigkeit und Macht 73-87.

alle noch gründlich lernen: den toleranten und diakonischen Umgang miteinander bei Konsensunfähigkeit! Erst dann kommt unter uns die Rede von Gott nicht als Indoktrination und Herrschaftswissen an. Erst dann erreicht sie die Menschen als Hilfe zur Hoffnung und Befreiung für sich und für andere. Erst dann ereignet sich die Rede von Gott als entängstigende und vertrauensstärkende Gabe und nicht als Gesetz. Im Blick auf Jesus kann man dies alles konsequent genug an der Frage beobachten: Was ereignet sich, wenn er den Gottesbegriff in den Mund nimmt? Was ändert sich demnach bei uns, wenn *wir* den Gottesbegriff einführen?

c) Die Kirchen als Orte der Wahrnehmung von eigener und fremder Not!

Gemeinden, die sich vornehmlich als Bereiche von Starken, Gesunden, Könnern und Aktivisten hochstilisieren, können weitgehend nur im privaten oder abgedrängten Raum jene Mentalität verspüren, die aus der Erkenntnis der eigenen zugegebenen Ängste, der eigenen Bedürftigkeit und Angewiesenheit kommt. Dies gilt natürlich auch für die Theologen und Theologinnen. Wie gehen die ChristInnen insgesamt miteinander um: in Fiktionen der Fertigkeit und Perfektion oder in der Angefochtenheit und Gebrochenheit, die tatsächlich unser Leben ausmachen. Dazu gehört auch, daß die Erkenntnis der eigenen Sündigkeit und Sündenanfälligkeit nicht nur auf den privaten Beichtbereich zu beschränken ist, sondern ebenfalls die Mentalität und Öffentlichkeit der Gemeinde selbst ausmachen dürfte (insbesondere im Bereich der alle Beteiligten angehenden «strukturellen Sünde»).

Ulrich Bach trifft den Nagel auf den Kopf, wenn er davon spricht, daß wir uns alle als «Patienten-Kollektiv» zu verstehen und zu konstituieren hätten.[58] Wo dies nicht geschieht, wachsen die defensiven und ausgrenzenden Reaktionen und die Ängste vor der Gefährdung durch Gefährdete ins Unermeßliche. In diesem Zusammenhang nur diese eine konstruierte Testfrage: Wo in den Sozialgestalten unserer Gemeinden können z.B. Eltern davon reden, daß ihr homophiler Sohn HIV-infiziert ist? Gibt es für solche und ähnliche Nöte der ChristInnen selbst eine Mentalität der Offenheit und Annahme?

An dieser Stelle ist zu unterstreichen, was in letzter Zeit immer wieder von TheologInnen analysiert und gefordert worden ist, nämlich daß auch und gerade unsere Gemeinden die gerade klassische Verantwortung haben, als offene Systeme der Notwahrnehmung direkte Kontakte mit von Not und Unfreiheit bedrängten Menschen aufzunehmen und von diesen Beziehungen her den Gemeindeaufbau und dessen inhaltliche Brisanz zu entfalten. Gerade die Pastoraltheologie ist gut beraten, diesen innerkirchlichen Kampf gegen die Selbstreduktion und Verstümmelung der Gemeinden auf die Wortverkündigung anzuführen. Dabei geht es um

58 Vgl. U. Bach, Kraft in leeren Händen, Freiburg i. B. 1983, 121.

die diakonische «Wiederaufforstung» der sozialen Umwelt in den Pfarreien, in der dann auch die oft bitter notwendige nicht-professionelle Diakoniekompetenz, die jeder Mensch hat, im Alltag zum Zug kommen darf. Diese Kompetenz aller zur Diakonie ist mehr gefragt denn je!

7. Resümee

Die akademische praktische Theologie hat ihren diakonalen Sinn, wenn sie sich erstens in ihren eigenen Systembereichen diakonal verwirklicht, wenn sie sich zweitens auf diakonische Kontexte einläßt und sich von ihnen her entwirft und wenn sie drittens die Lobby-Arbeit als Hypothek auf sich nimmt, die Diakonie konzeptionell in der Gesamttheologie und praktisch in der Kirche argumentativ wichtig zu machen und zu schützen.

Zur besseren Übersicht dient vielleicht auch diese *Graphik* zu den «Dimensionen einer diakonischen praktischen Theologie», die ich kurz beschreiben will, freilich nicht ohne die Vorwarnung, daß jede derartige Formalisierung nur um den Preis des mitzudenkenden Realitäts- und Differenzierungsverlustes strukturelle Überschaubarkeit einbringt.

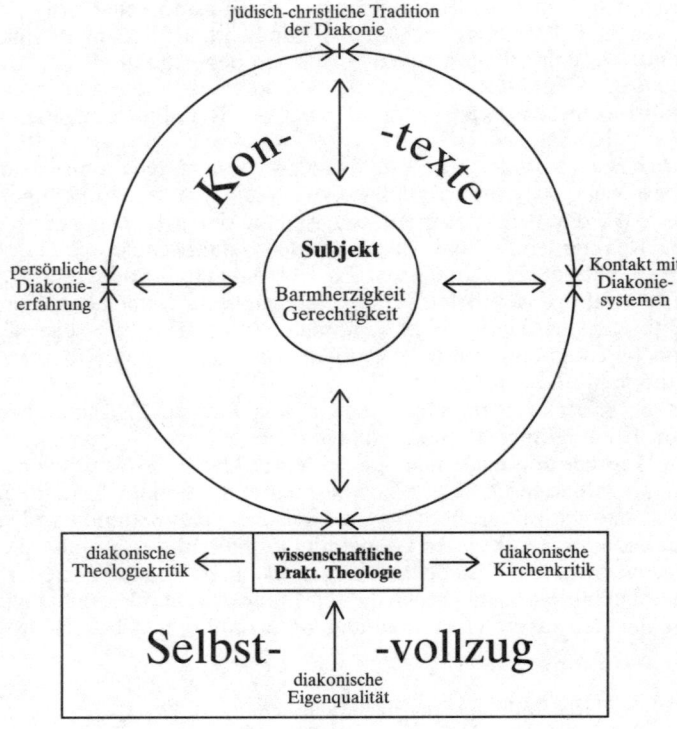

Die primäre Basis einer an der Diakonie orientierten Theologie ist selbstverständlich der theologietreibende Mensch als Subjekt des entsprechenden Denkens *(innerer Kreis)*. Nicht jedes Subjekt kann diakonische Theologie treiben; prinzipielle Bedingung der Möglichkeit einer solchen Theologie ist vielmehr ein Subjekt, das aus dem Motiv der Barmherzigkeit und aus der Sehnsucht nach Gerechtigkeit über Gott und die Menschen nachdenkt. Ohne diese persönliche Hermeneutik geraten Barmherzigkeit und Gerechtigkeit auch nicht als konstitutives Erkenntnisinteresse in die Konzepte der praktischen Theologie hinein.

Damit sich freilich diese Perspektivierung der praktischen Theologie im Subjekt entfalten kann, braucht es die Kontexte *(äußerer Kreis)* der persönlichen Diakonieerfahrungen ebenso wie der Kontakte mit diakonischen Lebens- und Arbeitsbereichen, nicht zu vergessen der Verbindung zu den entsprechenden jüdisch-christlichen Traditionen.

Indem das Subjekt deren gegenseitige Ergänzung und Kritik, Bereicherung und Begrenzung in den Fragestellungen, Problemen und Antwortversuchen als Grundhorizont seines eigenen Erkenntnisinteresses in die Fragestellungen, Probleme und Antwortversuche seines wissenschaftlichen Tuns aufnimmt (vgl. die Pfeile auf dem äußeren Kreis und von diesem zum Subjekt), kommt es zu einer praktischen Theologie, die nicht aus dem Kreis der Kontexte herausfällt (vgl. *das kleinere Rechteck an der unteren Kreishälfte*) – weil sie auf dessen lebendige Lebensbeanspruchung und Lebenszufuhr nicht verzichten kann –, die jedoch auch demgegenüber einen eigenen Selbstvollzug entfaltet (vgl. *das untere größere Rechteck*): nicht abgekoppelt von den Kontexten (und in diesem Sinn eine bleibende kontextuelle Theologie), aber auch in einer eigenen, nur von ihr zu übernehmenden authentischen und autonomen Verantwortung diesen Kontexten wie auch dem Subjekt gegenüber.

Diese eigenständige diakonische Verantwortung zeigt sich buchstäblich praktisch-theologisch: *theologisch* als eine an der Diakonie orientierte Kritik der Gesamttheologie, praktisch als die entsprechende Kritik der kirchlichen Praxis als gesellschaftliche Form wie auch in ihrer gesellschaftlichen Umwelt. Zugleich wird eine solche Theologie auf sich selbst mit der gleichen Kritik zugehen: zugunsten einer Theologiepraxis, die sich als «diakonisches Unternehmen» begreift und aufbaut.[59] Ein solcher Selbstvollzug der praktischen Theologie wird dann auch nicht (dank ihrer kognitiven Klärungen) ohne entsprechende anerkennende bzw. kritische Rückwirkung auf den Kreislauf der Kontexte bleiben, wie er seinerseits von diesem Kreislauf seine diakonische Energie bzw. seinen diakonischen Stachel bezieht. Dabei wird die praktische Theologie nicht müde, diese diakonischen Lebenswelten, mit denen sie wenigstens teilweise kontextuelle Verbindungen aufnimmt, als zentrale Konstitutiva für Theolo-

---

59 In Analogie zu den Optionen von A. Jäger, Diakonie als christliches Unternehmen, Gütersloh 1986.

gie und Kirche zu qualifizieren und so gegen deren immer wieder drohende theologische Marginalisierung und kirchliche Instrumentalisierung anzugehen.

Es ist nicht nichts, wenn die praktische Theologie diese theologische Legitimationsarbeit leistet, etwa dafür, daß den direkten Diakoniebereichen des Caritasverbandes, der Gemeinden und sozialen Initiativen eine eigene theologische Artikulations- und kirchliche Formierungskompetenz zusteht. Deren praktische und theologische Andersheit (nicht zuletzt gegenüber der eigenen akademischen Theologie selbst) zu schützen und zu begründen, ist eine drängende kirchenpolitische Aufgabe der wissenschaftlichen Theologie zugunsten einer sich in der Diakonie an der Welt entäußernden Kirche (z. B. in der Ökumene des konziliaren Prozesses für Gerechtigkeit, Frieden und Bewahrung der Schöpfung).

Nicht selten habe ich bei entsprechenden Reaktionen gemerkt, wie empfindlich man auf die theologisch-konzeptionelle Verteidigung der Diakonie im Selbstvollzug der Kirche zuweilen reagiert und wie gerade eine solche theologische Arbeit Turbulenzen auslöst und die Geister scheidet. Es ist nicht zu verhindern, daß diesbezügliches konzeptionelles Denken zuweilen weh tut. Ich hoffe und erfahre auch immer wieder, daß eine solche wissenschaftliche theologische Arbeit tatsächlich einen Dienst darstellt, einen Dienst der wissenschaftlichen Theologie an den Realitäten der Diakonie in unserer Kirche.

Ich bin sicher: An der unbegrenzten Diakonie für alle Menschen ohne Ausnahme wird sich künftig alles entscheiden – im Horizont der drohenden Spaltung zwischen zwei Kirchen quer durch die Kirchen, nämlich zwischen einer sich selbst evangelisierenden diakonischen und einer integralistisch-fundamentalistischen Kirche. Beide verhalten sich wie Feuer und Wasser zueinander. In dieser Auseinandersetzung müssen die wissenschaftlichen TheologInnen Stellung beziehen. Dieser Positionsbezug ist zugleich unsere spezifische diakonische Aufgabe zugunsten einer diakonischen Kirche und zugunsten aller diakonischen Einrichtungen selbst.

So leistet die Theologie einen Beitrag gegen die *Entkirchlichung der Diakonie* bezüglich ihrer *eigenen* theologischen Stimme und kirchlichen Kompetenz wie auch gegen die integralistische *Verkirchlichung der Diakonie* in ihrer Funktionalisierung für die Kirchenräson und in ihrer neokonservativen Konzentriertheit auf den Gettobereich der Insider, im «Daneben» zur Welt (und eben nicht in der Proexistenz für sie).

V
Zweifaches Weiheamt

Von grundlegenden Selbstvollzügen der Kirche muß hier die Rede
sein, weil die Konkretionen des kirchlichen Amtes nur in Entspre-
chung zum «Existential» der Kirche seine Gestaltung finden kann.
Um so wichtiger werden dann haupt-, neben- und ehrenamtliche
Verantwortliche in der Kirche, die eben dafür besondere Sorge
tragen, daß das «Wesen» der Kirche kontextuelle Erfahrung wird:
«es muß ein dem Wesen der Kirche entsprechendes Amt in der
Kirche geben; in diesem einen Amt sind verschiedene Vollmach-
ten impliziert, die dem Wesen der Kirche entsprechen...»[60]. Dabei
kann die Kirche auch neue gleichstufige oder gestufte Weihestu-
fen errichten und «auch sakramental übertragen..., wenn sie dies
will und für opportun in einer bestimmten Zeit hält.»[61]

1. Presbyterat und Diakonat

Hat das kirchliche Amt etwas mit dem Wesen der Kirche zu tun
und definiert sich dieses Wesen der Kirche in dem angedeuteten
zweifachen Sinn, dann wird man das kirchliche Amt am geeignet-
sten in jener *dualen Grundstruktur* aufzufassen haben, in der das
presbyterale Amt die Dimension der Martyria und das diakonale
Amt die Dimension der Diakonia in der Kirche verantworten. Diese
duale Grundstruktur läßt sich dann je nach Gegebenheit und
Notwendigkeit in unterschiedlichen, gesellschaftlichen und kulturellen Situationen in beide Richtungen weiter differenzieren. In der
Gleichrangigkeit beider Amtsbereiche spiegelt sich das doppelte
Gebot oder Wesen der Kirche zur Gottes- und Nächstenliebe, zur
Martyria und Diakonia wider.[62]

---

60 Rahner, In Sorge um die Kirche 127.
61 Rahner, ebd. 127, vgl. auch 122ff.
62 Nur um Mißverständnissen vorzubeugen: Diakonia meint hier nicht nur

67

Während die Verbindung des Diakonats mit der Nächstenliebe schon vom Begriff her (wie auch von der altkirchlichen Entwicklung her) relativ problemlos ist, besteht bezüglich des Presbyterbegriffes und seiner Verbindung zur Martyria, also zur Verkündigung in Wort und Zeichen, noch etwas Klärungsbedarf. Von der Wortbedeutung handelt es sich um jene «Ältesten», die den «Jüngeren» die «alten» Geschichten erzählen. Im Neuen Testament bleibt der Amtscharakter dieser Presbyter «ein wenig in der Schwebe ... und darf nicht unabhängig von der persönlichen (Autorität, O. F.) gesehen werden, die sie als die – auch an Lebensjahren – Älteren, Angesehenen und im Glauben Erprobten besaßen. Sie sollten leiten und beistehen, die Gemeinden vor Irrlehren schützen ...»[63] Mit der Zeit handelte es sich dabei aber weniger um eine Frage des Alters denn um eine Frage der Funktion. Die Presbyter waren in der Tat in der Alten Kirche für die Tradition des Glaubens verantwortlich, sie brachten sich «als Garanten der Überlieferung ... zur Geltung.»[64] Obgleich das Amt des Presbyters in den ersten drei Jahrhunderten «farblos» geblieben ist, lag sein «zukunftsträchtiger Vorzug» darin, daß «sie mit, unter oder auch anstelle des Bischofs der Eucharistiefeier vorstehen konnten.»[65] Es steht also außer Zweifel, daß ihre Verantwortung für die Verkündigung, für das Wort also, auch mit der Vollmacht bezüglich der entsprechenden Zeichenhandlungen verbunden war, insbesondere mit dem Vorsitz der Eucharistiefei-

caritatives Verhalten im engeren Sinn, sondern beinhaltet auch das politische Engagement zugunsten der möglichst weitgehenden Bekämpfung und Beseitigung der strukturellen Ursachen von Leid und Benachteiligung. Diakonia beinhaltet dann auch das Teilen von Leiden, das nicht aus der Welt zu schaffen ist. Die christliche Diakonia bezieht ihre Erfolgsdefinition also nicht nur daher, daß Leid beseitigbar ist, sondern auch daher, daß bei diesbezüglicher Erfolglosigkeit auch das mitgehende Mitaushalten von Leid ein Erfolg im Sinne des Reiches Gottes ist, nämlich des Gottes, der in Jesus das Leiden der Menschen an den eigenen Leib herangelassen und ausgehalten hat: vgl. dazu O. Fuchs, Einübung der Freiheit, in: M. Schibilsky (Hrsg.), Kursbuch Diakonie, Neukirchen/Vluyn 1991, 245-254.

63 E. Dassmann, Kirchengeschichte, Bd.I: Ausbreitung, Leben und Lehre der Kirche in den ersten drei Jahrhunderten, Stuttgart 1991, 163.

64 E.L. Grasmück, Vom Presbyter zum Priester, in: P. Hoffmann (Hrsg.), Priesterkirche, Düsseldorf 1987, 96-131, hier 100.

65 Dassmann, Kirchengeschichte 170.

er.[66] «Zur Unterweisung der Gläubigen und Eucharistiefeier in abgelegenen Orten, später auch für Taufe und Bußvergebung in Todesgefahr wurde eine Dezentralisierung der Seelsorge notwendig.»[67]

Aufgrund der Rückbesinnung auf die zweifache Grundstruktur des Handelns Jesu und aufgrund der theologischen Erkenntnis der «Zeichen der Zeit» im II. Vatikanum, aber auch aufgrund vieler tatsächlicher sozial engagierter Aufbrüche in den Basisbewegungen der armen Länder sowie in den sozialen Initiativen in und außerhalb der Gemeinden in den Industrieländern sowie auf dem Hintergrund der ganzen Ökumene (was die Verbindung von Glaube und konziliarem Prozeß für Gerechtigkeit, Frieden und Bewahrung der Schöpfung anbelangt) legt sich auch eine neue Organisation des kirchlichen Ordo nahe, und zwar dergestalt, daß das in dieser Form zweifach aktualisierte Wesen der Kirche auch entsprechend in der Struktur des Weiheamtes vorkommt. Kurz: Wenn man den Presbyter dominant im Martyriabereich ansiedelt[68], dann wird ein Diakonat einzurichten sein, das erstens tatsächlich dominant in der konkreten Diakonie zu Hause ist und das zweitens gleichstufig zum Presbyteramt aufzufassen wäre.

Im Grunde geht es um eine theologische und praktisch zu realisierende Präzisierung des bedeutsamen ersten Schrittes des Konzils, den Diakonat wieder als eigenen Ordostand zu revitalisieren. Was allerdings daraus geworden ist, zeugt von einer eigenartigen theologischen und praktischen Profilschwäche, die daher rührt, daß man nicht konsequent genug die ersten Schritte des Konzils in Richtung

---

66 Vgl. K.Baus, Von der Urgemeinde zur frühchristlichen Großkirche (Handbuch der Kirchengeschichte, hrsg. v. H. Jedin, Bd. I, Freiburg - Basel - Wien 3/1965) 393.

67 Dassmann, Kirchengeschichte 170; zur Geschichte des kirchlichen Amtes vgl. auch den Überblick bei E. Schillebeeckx, Christliche Identität und kirchliches Amt. Plädoyer für den Menschen in der Kirche, Düsseldorf 1985, 149-196; zum Amt im Neuen Testament vgl. P. Hoffmann, Priestertum und Amt im Neuen Testament. Eine Bestandsaufnahme, in: Ders. (Hrsg.), Priesterkirche 12-61; H.-J. Venetz, So fing es mit der Kirche an. Ein Blick in das Neue Testament, Zürich 4/1990.

68 Vgl. Wiederkehr, Grundvollzüge 21. Man denke dabei an die hauptsächlichen Einrichtungen und Aktivitäten unserer gegenwärtigen Pfarrgemeinden: Predigt und Liturgie, Katechese und Bibelkreise usw.

auf seine ekklesiologische Gesamtkonzeption weitergeschritten ist, sondern eher nach dem ersten Schritt unschlüssig auf der Stelle trat oder im Kreise lief.[69]

2. Gleichstufiges Diakonat

Nach E. Dassmann leitet sich insbesondere der Diakoniebegriff für eine herausragende Verantwortung in den Gemeinden der Alten Kirche nicht von jüdischen oder profanen Vorbildern (Synagoge bzw. hellenistisches Vereinsleben) ab, sondern ist tatsächlich geformt von dem «theologischen Selbstverständnis der Kirche» selbst[70]. Von Anfang an kommt den Diakonen der caritative Tätigkeitsbereich zu, neben einigen liturgischen Funktionen. Dassmann spricht von einer «amtlichen Verankerung der Gemeindekaritas», die «durchaus im judenchristlichen Raum erfolgt sein (kann), in dem auch die Entstehung des Leitungsamtes vermutet werden darf»[71]. Die Diakone hatten, auch im Vergleich zu den Presbytern, ein großes Ansehen und einen beträchtlichen Einfluß in der Gemeinde, waren sie doch zuständig für die Verwaltung der «Geheimnisse Jesu Christi»[72] und der «Armenkasse». «Aus der Karitasarbeit, insbesondere dem Umgang mit den Gaben für die Armenspenden, erwuchs ihre liturgische Beteiligung bei der Gabenbereitung, der Austeilung der Eucharistie an Abwesende und Kranke, später ebenfalls der Spendung des Kelches. Auch bei der Taufe leisteten sie Hilfestellung.»[73]

Nach der Didaskalia sollten nicht nur Männer, sondern auch Frauen zum Diakonenamt beauftragt werden, wobei sich der Dienst der Diakonissen weitgehend auf die caritativen Aufgaben konzentrierte und nicht im gleichen Umfang den liturgischen Dienst beinhaltete wie bei den Diakonen. Immerhin bezeugen die «Apostolischen Konstitutionen» des vierten Jahrhunderts «eine Diakonissenweihe und teilen auch das zu verwendende Weihegebet mit»[74].

69 Vgl. Fuchs, Heilen 202-206.
70 Vgl. Dassmann, Kirchengeschichte 162.
71 Dassmann, ebd. 171.
72 Vgl. Dassmann, ebd. 172 (wo Trallianer 2,3 zitiert wird).
73 Dassmann, ebd. 172.
74 Dassmann, ebd. 175.

Nach E. Schüssler Fiorenza gab es vor der bald einsetzenden Patriarchalisierung der Kirche eine Zeit, in der Frauen in den verschiedensten Leitungsämtern der jungen Gemeinden vorkamen.[75] Für die spätere Zeit jedoch gilt: «Bei örtlichen Verschiedenheiten im einzelnen wurde der in der Didaskalia erreichte Stand einer amtlichen Beauftragung von Frauen für bestimmte liturgische und karitative Dienste nicht weiter verfolgt, sondern im Lauf der Zeit wieder abgebaut.»[76] Wichtig ist in diesem Zusammenhang auch, daß es dem diakonalen Amt zu verdanken ist, «daß der einzelne Bedürftige durch die Gemeindekaritas der Willkür individuellen Wohltuns entzogen wurde und seitens der Gemeinde ein Anrecht auf Hilfe erhielt, für die Bischöfe und Diakone zu sorgen hatten»[77].

Wenn die theologische Tradition der Kirche davon spricht, daß sich im Diakonat «die niedrigste Stufe der Teilnahme an der priesterlichen Gewalt findet»[78], dann wäre dies in Hinblick auf die alte Kirche zu revidieren, in der die Diakone (und Diakonissen) nicht selten eine (auch gegenüber den Presbytern selbst) herausgehobene Autoritätsstellung innehatten (durch die Vermögensverwaltung der Gemeinde zugunsten des Armenwesens). Man kann allerdings die zitierte Niedrigkeitsaussage der Diakone auch in jener theologischen Dialektik auffassen, in der die Niedrigen erhöht und die Letzten die Ersten sein werden, was ja bereits ihrer gegenwärtigen Niedrigkeit durchaus einen eschatologischen Vorrang verleiht.

Auch praktisch wird es höchste Zeit, daß die «Träger» der Diakonie eine «*gleichberechtigte Beteiligung* an den gemeindlichen, diözesanen und weltkirchlichen Entscheidungs- und Kirchenleitungsgremien» genießen: «Nur so werden auch die Deklamationen der ‹Hochschätzung› kirchenpolitisch glaubhaft.»[79] Diese theologischen Überlegungen hätten nicht zuletzt auch Konsequenzen für

75 Vgl. E. Schüssler Fiorenza, Die Anfänge von Kirche, Amt und Priestertum in feministisch-theologischer Sicht, in: Hoffmann (Hrsg.), Priesterkirche 62-95, 66 ff.
76 Dassmann, Kirchengeschichte 175.
77 Dassmann, ebd. 250, vgl. auch 244 ff., 248 ff.
78 L. Ott, Grundriß der katholischen Dogmatik, Freiburg i. B. 4/1959, 541; allerdings dürfte diese Aussage, was ihren theologischen Gewißheitsgrad anbelangt, wohl ziemlich unten anzusiedeln sein (etwa zwischen sententia certa und sententia communis).
79 Wiederkehr, Grundvollzüge 28.

eine diesbezüglich gleichstufige kirchliche Tarifpolitik. Die sehr viel geringere Bezahlung z.B. von Erzieherinnen und Sozialarbeitern gegenüber Pfarrern und Pastoralassistentinnen ist theologisch nicht begründbar.

Das duale Amt des Presbyterats und des Diakonats stellt damit die soziologische Manifestation des theologischen Tatbestandes dar, daß der Kirche diese beiden Wesensbestimmungen vor-gegeben sind, was sie der Beliebigkeit und Willkür entzieht, auch der Verfügbarkeit einer Majorität gegenüber einer Minorität, erst recht der Verfügbarkeit der Reichen gegenüber den Armen, der gehobenen Bürgerschaft gegenüber den sogenannten einfachen Leuten usw. Vielmehr besitzt das kirchliche Amt diese von der inhaltlichen Doppeldimension der kirchlichen Identität abgeleitete Macht, um den Benachteiligten innerhalb der Strukturen der Kirche jene Macht zu geben, die ihnen zum notwendigen Wichtiggenommenwerden fehlt: im Bereich der Martyria (als strukturell garantierte Freiheit aller Gläubigen, im Glauben selbst die jeweils unterschiedlichen biographischen und kulturellen Möglichkeiten zu entfalten) genauso wie im Bereich der Diakonie (als wirksame Solidarisierung struktureller Amtsmacht mit den Armen und Benachteiligten).

Die spezifische Sakramentalität dieses dualen Amtes besteht also darin, für die allgemeine Sakramentalität der Kirche als eschatologischen Vorschein des Reiches Gottes in der Welt (durch Martyria und Diakonia) Sorge zu tragen. Das Amt hat insofern tatsächlich hierarchische Qualität, als es das schützt, was der Kirche von ihrem Ursprung her heilig ist: nämlich vom Willen Gottes, wie er sich in Christus verleiblicht hat. Er ist der Ursprung der bleibenden Heiligkeit von Martyria und Diakonia in der Kirche und jenes dualen kirchlichen Amtes, das für beides in besonderer Weise verantwortlich zeichnet.[80] Die kirchenamtliche Autorität (im Sinne des Ordo) liegt damit nicht nur beim presbyteralen Amt, das für die Vergegenwärtigung Christi in Wort und Zeichen verantwortlich zeichnet, sondern auch und gleichstufig dazu beim diakonalen Amt, insofern es sich auf die Autorität der Armen beruft. Denn auch diese Autorität kann sich nach Mt 25,35-40 auf die ureigene Einsetzung durch Jesus Christus berufen.[81]

---

80 Vgl. van Kessel, ebd. 146ff.
81 Vgl. van Kessel, ebd. 153.

Man kann das ganze auch andersherum entwickeln, was für manche vielleicht sympathischer erscheint: nämlich den gegenwärtigen Diakon auf seinem Niveau als sakramentale Vorstufe zum «eigentlichen» Priesteramt zu belassen (zumal die bisherigen Diakone praktisch ohnehin meist presbyterbezogene Funktionen übernommen haben) und das gegenwärtige Priesteramt entsprechend zu teilen, nämlich zwischen PresbyterIn und DiakonIn im Priesteramt selbst. Immerhin hat auch das gegenwärtige Priesteramt das Diakonat bereits (wenn auch nicht gleichstufig, sondern nur als Vorstufe) in sich und immerhin erfolgt in der Priesterweihe ausdrücklich der spezifische Auftrag, die Armen nicht zu vergessen. Dieser bislang rezessive diakonale Anteil des Priesteramtes sollte auf dem Niveau des priesterlichen Amtes selbst (das durch den Vorsitz der Eucharistiefeier und durch die Gemeindeleitung charakterisiert ist) als gleichstufiges eigenes Amt (zum presbyteralen Amt im Priesteramt) entfaltet werden. Man wird dann genauer zusehen, welche gegenwärtigen Diakone (aufgrund ihrer tatsächlichen diakonischen Funktion) in der Diakonie bzw. zwischen Diakonie und Martyria zu priesterlichen Diakonen geweiht werden.

Dabei wird es immer wieder zum Widerspruch, zum Gegensatz, zum «Gegenüber» der Lehrautorität der Armen gegenüber der Lehrautorität des Amtes kommen. Und diese Dialektik wird immer dann um so mehr zur Ruhe kommen, als sich das Amt (insbesondere das diakonale) zur Verkündigung der Armen bekehrt und im Licht ihrer Lebenserfahrungen die Glaubensinhalte der Tradition auslegt. Eine solche Auslegungspraxis zusammen mit Betroffenen ist dann identisch mit der Solidarisierung mit den Armen selbst. Ohne solche Hierarchie «von oben» *zugunsten* der Hierarchie «von unten» gibt es keine «Fundamentaldemokratisierung»[82] für die Kirchenbildung. Denn Optionen sind immer Hierarchisierungen von Prioritäten, die, bleiben sie nicht nur idealistisch, auch soziologische Strukturen brauchen. Aus dieser Perspektive ist die «Hierarchie» (also der strukturelle Niederschlag der Anwaltschaft dessen, was Gott heilig ist, und damit der Armen in der Kirche) ein integraler Bestandteil jeder Kirchenbildung. Jeder

---

82 Vgl. N. Greinacher, Die Chance der vorhandenen Pfarreien wahrnehmen, in: Diakonia 19 (2/1988) 90-93.

Kirchenbildung jedenfalls, die sich an der Praxis Gottes im Magnifikat orientiert, daß die Armen beschenkt werden und die Reichen leer ausgehen, daß die Mächtigen entthront und die Ohnmächtigen ermächtigt werden (vgl. Lk 1,51-54). Das «hierarchische» Amt hat die ihm eigene kirchenstrukturelle Macht dafür einzusetzen, daß *diese* «Heiligen» Gottes entsprechend ermächtigt werden. Jedes andere Verhalten (etwa zugunsten der Reichen und Mächtigen) diabolisiert den diakonalen Hierarchiebegriff.

Das schwierige Problem in diesem Zusammenhang besteht nämlich darin, wie die Kompetenz der angeblich Nichtkompetenten, wie die Wichtigkeit der Unwichtigen tatsächlich im Aufbau der Gemeinde zum Zug kommt. Macht und Ohnmacht konstituieren schließlich einen Gegensatz, der nur dadurch überbrückt wird, daß sich die Macht je neu auf die Seite der Ohnmacht stellt und sich von ihr her begreifen lernt. Welche Leitungsstrukturen muß es geben, damit die Benachteiligten bevorteilt werden, ihre Nöte auszusprechen. Die AmtsträgerInnen haben deshalb nicht nur in Fürsorge für die Betroffenen und an deren Stelle zu sprechen, sondern ihre Aufgabe ist es auch, für institutionelle Einrichtungen zu sorgen, in denen benachteiligte Menschen über ihr Leben und ihr Leiden sprechen können. Die Hauptamtlichen haben ihre Macht um der Ohnmächtigen willen zu gebrauchen.

Das spezifische Lehr- und Predigtamt des Diakonats weiß dann um zwei Quellen der offiziellen Verkündigung: erstens die vergangenen Geschichten des Leidens und der Erlösung in der Offenbarung, in der Tradition, besonders die Geschichten der Bibel, und zweitens die Menschen in der Gegenwart, die leiden und ihrer Rechte beraubt sind und Solidarität beanspruchen. Denn die tatsächliche Begegnung mit diesen ist die Bedingung der Möglichkeit, die Geschichten der Vergangenheit als Opfer- und Gerechtigkeitsgeschichten zu verstehen, und zu entdecken, daß das Reich Gottes besonders für diese zutrifft und diese über die Kirche erreichen will.

3. Als drittes im Bunde: das Bischofsamt

Eigentlich handelt es sich allerdings nur vordergründig um eine duale Struktur, wie auch als innertrinitarische «Hauptpersonen» sich zuerst Vater und Sohn aufdrängen. Die personale Relation, die beide

74

verbindet, ist, weniger «aufdringlich», der Heilige Geist, uns Menschen zugänglich als der Geist des auferstandenen Gottessohnes. Dieser Geist ist die «dritte Größe», die Martyria und Diakonia trägt, belebt und zusammenhält. Wer beim dualen Bild die mythische Dreizahl vermißt, mag sich mit diesem gemeinsamen «Dritten» zufriedengeben, nämlich mit der Präsenz des Geistes Christi (als Person!) in der Verkündigung der Kirche wie auch in den Leidenden der Welt (vgl. Röm 8,24-26).

Wenn man will, kann man auch eine altkirchliche Vorstellung bemühen, in der der *Episkopus* als Stellvertreter Christi verstanden wird, den die Presbyter ihrerseits (wie die Apostel Christus) als die Überlieferung garantierende Ratgeber umgeben,[83] dem aber auch die Diakone als Garanten dafür, daß die Armen und Benachteiligten zu Wort kommen, mit ihrem entsprechenden Rat «von unten» zur Seite stehen. Auch darin wäre eine christologisch fundierte Dreierstruktur des Amtes zum Ausdruck gebracht, wobei der Bischof die Aufgabe hat, die überregionale Zusammengehörigkeit und Zusammenarbeit der regionalen kirchlichen Sozialgebilde zu gewährleisten und auch dafür Sorge zu tragen, daß unterschiedliche Gemeindemanifestationen sich gegenseitig achten, ergänzen und schützen.

Sein Dienst an der Einheit der Kirche geht aber darüber hinaus und bezieht sich auch auf die Verbindung mit anderen Landes- und Erdteilkirchen wie auch mit der Universalkirche[84] (indem deren Nöte auch die Diakonie der regionalen Pfarreien erreicht und entsprechendes Handeln auslöst: Nicht wenige Bischöfe sind tatsächlich solche Grenzgänger zwischen der sog. Ersten und Dritten Welt). Eine weitere Verantwortung liegt in der Sorge um die Einheit, d.h. für die Kommunikation zwischen den dominant diakonischen und den dominant martyrischen Institutionen der Kirche, für ihren Austausch und ihre gegenseitige Hochschätzung.

---

83   Grasmück, Presbyter 100, vgl. zu dieser altkirchlichen Vorstellung ebd. 104, auch Baus, Von der Urgemeinde 393; Dassmann, Kirchengeschichte 168ff.

84   Vgl. J. Ratzinger, Zur Gemeinschaft gerufen. Kirche heute verstehen, Freiburg i. B. 1991, 72-97; Kongregation für die Glaubenslehre, Schreiben an die Bischöfe der katholischen Kirche über einige Aspekte der Kirche als Communio (Verlautbarungen des Apostolischen Stuhls 107), Bonn 1992,13-15. Dem Papst als Bischof der universalen Kirche käme eine dementsprechende Gesamtleitung in Kollegialität mit den Bischöfen zu.

Darin haben sie das Wächteramt, daß Martyria und Diakonia überhaupt in und zwischen den kirchlichen Sozialformen gleich wichtig genommen werden und entsprechende Wachstumschancen bekommen (s.u. Graphik in Abschnitt VI/5.).

Was also allen ChristInnen in ihrer Berufung zukommt, nämlich an Christi statt in dieser Welt zu handeln, kommt dem Bischof in dieser spezifisch amtlichen Verantwortung und Wächtersorge zu, daß die Existentiale Christi, nämlich seine Gottes- und Menschenliebe, realisiert werden (dies ist der inhaltliche Anteil seiner Aufgaben), daß sich die diözesan-regionalen Sozialformen von Martyria und Diakonia gegenseitig ergänzen, kritisieren und bereichern (dies ist seine Einheitsaufgabe nach innen) und daß auch entsprechende überregionale Kontakte (was den Austausch auf den Ebenen der Martyria und Diakonia anbelangt) mit der Gesamtkirche (bzw. mit bestimmten Teilen von ihr) aufgebaut werden (dies wäre die Einheitsaufgabe nach außen).

4. Im Grenzgang zwischen Kirche und Reich Gottes

Die oben skizzierte Reich-Gottes-Orientierung der kirchlichen Identität muß sich selbstverständlich auch in der Konzeption des kirchlichen Amtes niederschlagen. Der Basileia-Horizont darf besonders bei der Diakonie-, aber auch bei der Martyria-Verantwortung des kirchlichen Amtes nicht verschwinden, weil es sonst allzuleicht bei der Aufrechterhaltung der kirchlichen Strukturen nach innen, des kirchlichen Betriebes und damit bei der Kirchenräson stehen bleibt und sich darin verselbständigt, anstatt dafür die Verantwortung zu übernehmen, daß die Kirche den ihr entsprechenden Reich-Gottes-Auftrag in der Gesellschaft wahrnimmt und sich (samt ihrer Strukturen) im Hinblick auf die «Zeichen der Zeit» und damit auf die Nöte und Hoffnungen konkreter Menschen in einer bestimmten geschichtlichen Situation entwirft. Entgegen der Reduktion des kirchlichen Amtes auf den Heilsdienst «nach innen» (und des Heilsdienstes der sogenannten Laien nach außen in die Welt) muß mit Nachdruck dafür plädiert werden: Gerade wenn das kirchliche Amt das Wesen der Kirche selbst widerspiegelt, hat es als solches eine in diesem Sinn spezifische «pontifikale», nämlich überbrückende und brückenbildende Verantwortung zwischen Kirche und Gesellschaft.

So erweist sich das *diakonale* Amt verantwortlich in jener Grenzgängerzone, in der sich die Kirche um der Leidenden willen nach
innen wie auch nach außen entgrenzt: einmal dadurch, daß Betroffene (gleichgültig was sie glauben) in die Mitte der Kirche gehören, zum anderen dadurch, daß die Kirche nach außen mit allen
anderen Bewegungen, Initiativen und Gruppen zusammenarbei-
tet, die sich ebenfalls praktisch mit Benachteiligten solidarisieren
und die Ursachen ihrer Not bekämpfen (aus welchen weltanschau-
lichen und religiösen Motiven auch immer). So bilden sich zunehmend neue dominant diakonisch orientierte Kirchenformen, die
als Gemeinden aufzufassen sind und auch Anrecht auf eucharistische
Gemeindeleitung haben.

Aber auch das *presbyterale* Amt steht mehr in einer ähnlichen
Grenzgängerzone als man zunächst vermuten mag. In der neue-
ren Homiletik geht es schon seit langem darum, die Alltagserfah-
rungen der Menschen aus ihrer gesellschaftlichen Situation heraus
ernstzunehmen und mit den Inhalten des Glaubens zu vermitteln.
Und innerhalb der wissenschaftlichen Theologie gibt es die lange
Tradition der Fundamentaltheologie, die Inhalte des christlichen
Glaubens mit philosophischen und zum Teil auch poetischen Konzepten kritisch, aber auch überbrückend in Verbindung zu bringen.
Es wird zunehmend auch zur interkulturellen Fähigkeit der Verkündigung selbst gehören, wieweit sie außerhalb der Kirchen auch
jene Gottesbeziehungen zu entdecken und hochzuschätzen vermag,
in denen Menschen anderer Kulturen und Religionen an einen Gott
glauben, in dem sie sich geborgen wissen, von dem her sie Grund-
vertrauen in das Leben aufbauen und sie ihre zwischenmenschlichen Aufgaben bewältigen. Apologetische und vereinnahmende
Redeweisen werden dann der Anerkennung und dem Dialog weichen.

Geht es dem Diakonat um die unteilbare, auf alle Menschen ohne
Ausnahme gleichermaßen bezogene Wahrnehmung von Not in
Kirche und Gesellschaft, so geht es dem Presbyteramt um die
unteilbare Wahrnehmung der Gottessehnsucht, der Transzendenz-
not und der Gottesfinsternisse in der Gesellschaft, aber auch in der
Kirche. Dieser Wahrnehmung des Defizitären, des Noch-Ausste-
henden und Ergänzbaren in Kirche und Gesellschaft steht aber auch
die Wahrnehmung dessen gegenüber, was es bereits in Kirche und
Gesellschaft an Diakonia und Martyria gibt: auch hier also die
ungeteilte Wahrnehmung des Positiven, wie etwa in sozialen In-

itiativen und Gruppen in Kirche und Gesellschaft und wie in religiösen Bewegungen bzw. in entsprechenden Richtungen der zeitgenössischen Kunst.[85] In jedem Fall werden die kirchliche Diakonia und Martyria in solcher Außenwahrnehmung ihrer selbst auch sich selbst in neuen Formen entdecken, ebenso wie sie – im Horizont der Reich-Gottes-Kriteriologie – auch destruktive Formen der Leidbeseitigung (etwa durch die Beseitigung der Leidensfähigkeit und der Leidenden selbst) und religiöser Transzendenzprodukte (wie etwa im Okkultismus) entlarven.

5. Prophetisches Mittleramt

Viel mehr als bisher sollte das kirchliche Amt als Relais zwischen Kirche und Gesellschaft fungieren: einmal als Überbrückung zwischen der Präsenz Gottes innerhalb der Kirche und der Präsenz Gottes in der Gesellschaft, zum anderen aber auch als prophetisch-kritische *Entbrückung* den Strategien und Ideologien gegenüber (und auch hier unteilbar nicht nur in Gesellschaft, sondern auch in der Kirche), die der christlichen Diakonie und Martyria nicht gerecht werden (etwa bezüglich einer ständigen Allianz der kirchlichen Institution mit den Mächtigen eines Landes zuungunsten der Armen, oder im Bereich der Martyria: bezüglich eines kaputtmachenden Gottesbildes, das die Menschen noch mehr in Angst versetzt, sei es in der Kirche, sei es aber auch in dämonischen «religi-

85 Die Kontaktaufnahme wie auch die Auseinandersetzung mit der nichtkirchlichen Religiösität in der Gesellschaft steht umso dringender an, als den Kirchen von Soziologen bescheinigt wird, daß sie in einem rasanten Maß das Verwaltungsmonopol auf die Religion in unserer Gesellschaft (besonders in den Städten) gründlich verloren haben. Es gibt viel religiöse Betätigung in unterschiedlichen Institutionen und Gruppen außerhalb der Kirche, verbunden mit unterschiedlichen Symbolen und Literaturen, natürlich auch, aus christlicher Perspektive gesehen, in entsprechender Ambivalenz. Gerade deswegen ist ein anerkennend-mitgehender (und nicht immer nur defensiver) und kritischer Kontakt mit solchen Bewegungen und neuen Formationen des Religiösen eine besondere Aufgabe der «Martyria» (ich denke z.b. an die New-Age-Spiritualität, vgl. dazu G.Schiwy, Der Geist des neuen Zeitalters, München 1987; zum Verhältnis von Kunst und christlicher Religion vgl. H. Schwebel/A. Mertin [Hrsg.], Bilder und ihre Macht, Stuttgart 1989).

ösen» Bewegungen). Denn die Kirche – nimmt sie Maß an der Christologie der Menschwerdung Gottes in der Welt – ist nicht erst einmal sich selber identisch und dann erst fähig, sich mit der Welt auszutauschen, sondern ihre Identität besteht im qualifizierten Austausch mit der Welt, in ihrer Verausgabung am Reich Gottes in der Welt und in ihrer prophetischen Kritik all dessen, was nicht mit dem Reich Gottes vereinbar ist.[86]

Darin besteht ja genau das Prophetenamt, daß die Erkenntnis der «Zeichen der Zeit» für *beide* Grundvollzüge der Kirche von höchster Bedeutung ist, sollen Wort und Tat wirklich in ermöglichender und kritischer Weise mit der Erfahrung sowie mit den Freuden und Leiden der lebenden Menschen zu tun haben.[87] So geht es Hosea um die zeitgenössisch höchst gefährdete Praxis des rechten Jahweglaubens; so geht es Amos um die verloren gegangene Praxis der wirksamen sozialen Gerechtigkeit; so geht es dem Propheten Jesus um den erfahrbaren (nicht nur in der Behauptung geforderten) Glauben an den gastfreundlichen Abba-Gott und zugleich um die aktuelle Hinwendung zu den Armen und Kranken in dessen Namen.

Das kirchliche Amt nimmt in der Tat eine Mittlerfunktion zwischen Mensch und Gott ein, aber nicht in einem vertikal-supranaturalistischen Verständnis. Vielmehr sucht das *Diakonatsamt* die Vermittlung der Gläubigen einer Gemeinde mit der Präsenz Gottes in den Opfer- und Befreiungsgeschichten der (besonders biblischen) Vergangenheit *und* mit der Präsenz Gottes in den gegenwärtigen Leidenden sowie in den Menschen in der Gegenwart (in der Gemeinde wie auch außerhalb), die Barmherzigkeit und Gerechtigkeit tun. Das *Verkündigungsamt* sucht die Vermittlung zur Gegenwart Gottes in den Glaubens- und Hoffnungsgeschichten aus der Tradition *und* zu der Gegenwart Gottes in den Gläubigen (selbst) und in allen Menschen, die in ähnlicher Weise auf Gott hoffen.

Es macht die durch und durch geschichtliche Grundstruktur der christlichen und kirchlichen Existenz und damit auch der kirchlichen Amtsverantwortung aus (die ja darin liegt, diese Existenz zu

---

86 Zur diesbezüglichen perichoretischen Analogie zwischen Christologie und Ekklesiologie vgl. Fuchs, Heilen 38-43, 103-108.

87 Vgl. K.H. Neufeld, Art. Prophetie, in: W. Beinert (Hrsg.), Lexikon der katholischen Dogmatik, Freiburg i. B. 1988, 425-427. Zum besonderen Verhältnis von Prophetie und Diakonie vgl. Fuchs, Heilen 25 und 37.

ermöglichen), daß sie Gott «nur» über die vergangenheitsbezogene Erinnerung und über die gegenwartsbezogene Wahrnehmung *menschlicher* Erfahrungen und Zeugnisse sowohl im Bereich der Martyria wie auch im Bereich der Diakonia vermitteln können. Gottesglaube vermittelt sich dadurch, daß wir Menschen glauben, die an Gott geglaubt haben bzw. glauben. Indem wir Menschen ihren Gottesglauben abnehmen, eröffnet sich erst die Möglichkeit, die darin erzählte und gelebte Gottes- und Menschenbeziehung auch als die unsere zu leben. Der darin erzählte Glaube, daß Gott uns unbedingt liebt, und die Vermittlung dieser Liebe insbesondere im Wort und in den Sakramenten ereignen sich nie außerhalb, sondern immer nur innerhalb des geschichtlichen Memoriafeldes. Die Sakramente können immer nur dann als wirksame Erfahrung der Liebe Gottes erlebt werden, wenn es Menschen gegeben hat und gibt, die glauben.

VI
Eucharistische
Leitungsverantwortung in Diakonie und
Martyria

1. «Priesterliche» Vollmacht

Ein schwieriges Problem eröffnet sich mit der Frage nach dem
Verhältnis von Diakonat und Presbyterat auf der einen Seite zum
Verhältnis von Gemeindeleitung und Eucharistievorstand auf der
anderen Seite. Für letzteres bemühe ich versuchsweise den Begriff
«priesterlich», obgleich historisch und theologisch vieles dafür
spricht, den Priesterbegriff in diesem Zusammenhang besser auf-
zugeben.[88] Aber als praktischer Theologe kann ich nichtsdestoweniger nicht den jahrhundertealten Sprachgebrauch ignorieren, der
nicht nur in der katholischen Kirche, sondern auch gesellschaftlich
zur Bezeichnung ihrer Amtsträger alltagssprachlich gefügt ist und
der übrigens auch zum konfessionellen Profil der katholischen
Kirche gehört.

Es geht in der Ökumene gerade nicht um das Ausmerzen und
Ausgleichen von unterschiedlichen Sprachen und Symbolsystemen,
sondern um die jeweilige Verbindung dieser Systeme mit christlichem Verständnis und christlicher Praxis und um die gegenseitige
Anerkennung unterschiedlicher kirchlicher Symbol- und Institu-
tionssysteme auf der Basis der Frage, wie weit sie, in ihrer charakteristischen Eigenheit ermöglichend und zugleich begrenzt Gottes Gegenwart in Kirche und Welt ausdrücken und vertiefen, steigern
und vertreten. Terminologischer Purismus kann dann gut der Wir-
kungsfrage (hinsichtlich der Reich Gottes Praxis) weichen.

Die Verbindung von Presbyteramt und priesterlicher Vollmacht
ist wohl problemlos akzeptiert und geht sehr weit in die frühe Kirche

---

88 Vgl. Grasmück, Presbyter 96-131.

zurück. Je weiter (auf dem Land) oder quantitativ größer (in der Stadt) insbesondere im dritten Jahrhundert die Bischofsgemeinden wurden, desto mehr waren die Bischöfe darauf angewiesen, die Presbyter mit der Gemeindeleitung in überschaubaren Sozialgebilden zu betrauen und ihnen priesterliche Vollmacht (zur Eucharistiefeier und für die Sündenvergebung) zu übertragen.

Immerhin gibt es Hinweise, daß neben den Presbytern auch Diakone[89] in Notzeiten zu Sakramentenausübungen ermächtigt wurden, die ihnen sonst nicht zukamen, beispielsweise «in Zeiten besonderer Gefährdung durch Krankheit das Sündenbekenntnis der Gefallenen entgegenzunehmen und sie zu rekonziliieren».[90] Zumindest findet sich hier die Spur für eine Entwicklung, die das Diakonat potentiell zur priesterlichen Vollmacht öffnet, wofür ja auch die Ordination des Diakons spricht, die sich ebenfalls wie die des Presbyters durch Handauflegung und Gebet vollzieht und damit den Diakon in den sakramentalen Ordo aufnimmt.[91] Offensichtlich ist im Diakonat prinzipiell implizit oder «rezessiv» als gültig angelegt, was lediglich der kirchlichen Erlaubnis und Entfaltung harrt.

Dies gilt umso mehr, als in der alten Kirche die Diakone im Alltagsleben der Gemeinden aufgrund ihrer Funktion (der Altenpflege, in der Gestaltung der Sozialstationen wie auch in der entsprechenden Vermögensverwaltung und in der mit dieser Aufgabe verbundenen direkten Kontaktaufnahme mit konkreten Gemeindevorgängen) eine gegenüber den Presbytern herausragende Bedeutung und Einflußmöglichkeit auf Entscheidungen (auch des Bischofs) hatten. So ist der Diakon, wie es in der «Didaskalia» steht, des Bischofs «Ohr und Mund, Herz und Seele».[92] Und dem Diakon Laurentius wird nachgesagt, daß er seinem Bischof mit folgenden Worten die Wichtigkeit seiner Stellung deutlich gemacht habe: «Was wärst du ohne mich?»[93]

---

89 Wie weit sich diese Aussage auch auf die altkirchlichen Diakonissen bezieht, ist schlecht zu entscheiden. Nach Rahner jedenfalls ist nicht ausgeschlossen, daß man den altkirchlichen Diakonissen weihesakramentalen Charakter zugestehen könne: vgl. Rahner, In Sorge um die Kirche 127.
90 Baus, Von der Urgemeinde 393, vgl. auch 396.
91 Vgl. Grasmück, Presbyter 104.
92 Baus, aaO. 394.
93 Übrigens gibt es in der Kurienorganisation des Vatikans ein darin eingefro-

2. Sakramentaler Zeichenwert eucharistischer Gemeindeleitung

Aber ist es denn überhaupt notwendig, die umfassendere Leitungsfunktion an das presbyterale und diakonale *Weihe*amt zu binden?
Sicher gibt es kirchenamtliche Aufgaben in der Martyria (z.b.
Religionsunterricht, Katechese usw.) und in der Diakonia (in der
Sozialarbeit, in der Leitung eines Dritte-Welt-Arbeitskreises usw.),
die zwar kirchenamtlichen, aber keinen sakramentalen Charakter
haben (im Sinne des Ordo). Analog zu den Sakramentalien und
ehemaligen niederen Weihen kann es sich aber durchaus um Vor-
stufen der Teilhabe am sakramentalen Ordo handeln, gleichsam
um dessen «Vor-Zeichen», was sich auch in entsprechenden vor-
sakramentalen liturgischen Einführungsformen ausdrücken kann.
Ähnlich gab es in der Alten Kirche eine ganze Reihe von Spezial-
aufgaben in der Liturgie und Gemeindecaritas, die als spezifische
kirchliche Ämter übertragen wurden, jedoch nicht über die Handauflegung, die dem Presbyter und Diakon vorbehalten war.[94]

Bei solchen Zwischenstufen zwischen der laikalen Verantwortung aller ChristInnen für Verkündigung und Diakonie und der
spezifischen Verantwortung des Weiheamtes, dem Gottesvolk diese
doppelte Verantwortung praktisch zu ermöglichen, handelt es sich
zwar immer um Formen von Gemeindeaufbau im Bereich der
Martyria bzw. der Diakonia (oder dazwischen), aber noch nicht um
Gemeindeleitung im «starken» theologischen Sinn. Auch ist nicht
jede Gruppenleitung (beispielsweise eines Arbeitskreises für und
mit AsylbewerberInnen) schon eine Gemeindeleitung.

Van Kessel geht soweit, daß er der Amtsführung zugunsten der
Koinonia überhaupt keinen «spezifischen Zeichenwert» im Sinne
des sakramentalen Ordo zuschreibt, mit der Begründung: «Diese
Funktion kommt als solche nicht ‹von außen› herein, sondern wird
‹von innen heraus› erfüllt, vom Zentrum der Glaubensgemeinschaft
aus. Sie ist darum ‹laikal› schlechthin.»[95] Für ihn ist die Leitung der
Gemeinde nicht an den Vorsitz des Abendmahls gebunden, son-

---

renes Relikt der altkirchlichen Amtsstruktur, wobei alle drei auf dem priesterlichen Kardinalsniveau angesiedelt sind: vom Kardinaldiakon über den
Kardinalpriester bis hin zum Kardinalbischof.

94   Vgl. Baus, Von der Urgemeinde 394; Grasmück, Presbyter 104.
95   Van Kessel, Gemeinde 148.

dern ergibt sich aus der Teamverantwortung zwischen Priester und Diakon (mit spezifischem Zeichenwert) und allen anderen kirchenamtlichen Funktionen, wie z.B. der Pastoralassistentin (ohne spezifischen Zeichencharakter). Diesem profilierten Amtsverständnis eines reformierten Theologen gegenüber darf ökumenisch gleichstufig (also nicht in der Alternative von wahr oder falsch, sondern im Sinn des fruchtbaren kontrastiven Nebeneinanders unterschiedlicher und als solcher gleichwertiger Kirchenformen[96]) auch vom katholischen Profil in diesem Bereich die Rede sein und damit von der langen, neuerdings insbesondere im Zweiten Vatikanum verstärkt aufgenommenen Tradition der Verbindung von Gemeindeleitung und Eucharistievollmacht, bislang allerdings nur gebunden an das Bischofs- und an das (weitgehend in Wort und Sakrament beheimatete) Priesteramt.

In van Kessels Konzept kommt zwar höchst deutlich zum Ausdruck, daß die Koinonia einer qualitativ anderen Kategorie in den Grundvollzügen der Kirche angehört als die Martyria und Diakonia, zugleich wird aber die Koinonia m. E. allzusehr von der Martyria und Diakonia getrennt, wenn man sie nicht, soweit eine spezifische Leitungsfunktion darin angesprochen ist, auch in der sakramentalen Amtsstruktur an die Diakonia und Martyria bindet. Kirchliche Gemeindeleitung hat ja nicht formalen Charakter und bezieht sich nicht auf irgendein Gemeinwesen-Anliegen, kann also nicht inhaltlich neutral betrachtet werden, sondern ist inhaltlich an den Vollzug der Martyria und Diakonia gebunden.

Damit verbindet sich noch ein anderes Argument: Die Einheit der vielen verschiedenen sozialen Formen der Kirchen und der kontrastreichen Charismen und Gruppen ist nicht nur ein Vorgang, der vom Inneren der Gemeinde heraus kommt, sondern zum meist viel größeren Teil ein eschatologischer Zuspruch «von außen», der oft genug antizipatorisch gegen den Augenschein der erlebbaren Widersprüche doch in der gemeinsamen Eucharistie im Glauben gefeiert wird: nämlich daß alle in Gott eins sind, daß diese Einheit einmal im Reich Gottes, ohne den Kontrastreichtum der Charismen zu mindern, erlebbar zum Vorschein kommen wird. Einheit ist also ein Glaubensgeschenk, und nicht etwas, was mit Gewalt oder mit erzwungenem Konsens hergestellt werden müßte und könn-

---

96 Vgl. zu dieser Theologie von kontrastiver Vielfalt und Gleichwertigkeit in und zwischen den Kirchen: Fuchs, Zwischen Wahrhaftigkeit und Macht.

te.[97] Dies gilt für die Martyriabereiche genauso wie für die Bereiche der Diakonie. Selbstverständlich haben alle Mitglieder der Kirche eine Verantwortung für ihre Einheit. Wo Menschen aber nicht nur einzelne Initiativen und Gruppen leiten, sondern in noch überschaubaren, aber doch größeren Bereichen für den bekömmlichen Umgang unterschiedlicher Bewegungen und Formationen einer Gemeinde Sorge tragen, wo sie unterschiedliche Charismen ermutigen und miteinander in Kontakt bringen und sie, wenn möglich, koordinieren, wo sie aber auch Konflikte zwischen Gegnern zulassen und «Streithähne» für geraume Zeit voneinander trennen, wo sie nicht ihre eigenen Charismen und Schulmeinungen durchsetzen wollen, sondern sich dafür hergeben, daß sich alle Charismen und Meinungen gleichermaßen «durchsetzen» können und dabei lernen, sich gegenseitig zu achten, auch wenn sie unterschiedlich und widersprüchlich sind, wo die Eucharistiefeier als der Ort erlebt wird, wo alle Beteiligten «trotzdem» in Gott eins sind und von diesem Glauben her auch anders miteinander umgehen können (ohne die Widersprüche gleichschalten zu müssen), – da ist kirchliches Amt mit «spezifischem Zeichenwert» gefordert, insofern es einmal als Bestätigung erlebbarer Einheit, oft aber auch kontrafaktisch die Zusammengehörigkeit aller in Gott «von außen» in Wort und Zeichen als eschatologische Wirklichkeit einbringt: zugunsten einer sich auf viele unterschiedliche Situationen beziehenden und deswegen so vielfältigen und auch widersprüchlichen Verwirklichung von Martyria und Diakonia in der Welt an den verschiedenen Orten der Kulturen und Geschichte.

Presbyter und Diakone haben dann die spezifische Ordo-Aufgabe, in den Bereichen der Martyria und Diakonia einheitsstiftende Leitungsaufgaben zu übernehmen und darin jeweils für die Wirksamkeit und gegenseitige Ergänzung, für die Ermöglichung und Zusammenarbeit der verschiedenen Charismen Sorge zu tragen.[98] Was nicht ausschließt, daß es Priester und Diakone gibt, die nicht dominant leiten, sondern weitgehend «nur» lehren bzw. helfen[99],

---

97 Vgl. dazu ausführlicher ebd. 234-240, auch 175-179.
98 Zur prinzipiellen Leitungsaufgabe des Ordo vgl. W.Kasper, Glaube und Geschichte, Mainz 1970, 359 und 363.
99 So müssen Lehramt und Leitungsamt nicht unbedingt in einer Hand vereinigt sein: vgl. ebd. 359.

wie es Ordinierte geben kann, die in der Martyria bzw. Diakonia oder auch dazwischen hauptsächlich – allerdings auf kollegialem Niveau[100] – leiten und organisieren.

3. Zuordnung von Sakrament und Wirklichkeit

Versucht man eine Verbindung aufzunehmen mit dem traditionell herkömmlichen Dreierschema des Priester-, Propheten- und Hirtenamtes[101] und folgt man der Definition von W. Kasper für das Hirtenamt als dem spezifischen «Sein-für-die-anderen» (nicht zuletzt unter Bezug auf das Hirte-Sein Jesu)[102], dann fände letzteres sein Profil besonders im Diakonat. Im Kontrast zu Kaspers sehr weiter Auslegung des Hirtenamtes bis in die Wort- und Sakramentenverkündigung des priesterlichen Amtes hinein plädiere ich allerdings dafür, das Spezifikum des priesterlichen Dienstes in der Bevollmächtigung zum erinnernden und lehrenden Wort bis hin zur Eucharistie als der sakramentalen Verdichtung der Verkündigung von Tod und Auferstehung Christi zu sehen, wie vornehmlich K. Rahner vorgeschlagen hat.

Das entsprechende «Sakrament» der Diakonie wäre dann eigentlich die Fußwaschung als diakonales Pendant zur Eucharistiefeier.[103] Alle für die Definition eines Sakramentes zuständigen Kriterien treffen hier zu: äußeres Zeichen, innere Gnade (vgl. Joh 13,1 und 8)[104] und Einsetzung durch Jesus Christus. Solange die Liturgie der Fußwaschung allerdings nur dem Gründonnerstag vorbehalten bleibt, sollte man daran denken, daß die Eucharistiefeier selbst neben der Verkündigung auch eminent diakonische Dimensionen hat: in der radikalen Diakonie Christi für die Menschen bis

---

100 Vgl. ebd. 364.
101 Vgl. dazu L. Ullrich, Art. Soteriologische Modelle, in: Beinert (Hrsg.), Lexikon der katholischen Dogmatik 472-476.
102 Vgl. Kasper, Glaube 397 und 411ff.
103 Vgl. dazu J. Kügler, Der Jünger, den Jesus liebte, Stuttgart 1988, 128-133; H.-J. Klauck, Die Sakramente und der historische Jesus, in: Pastoralblatt (1/1992) 2-10, 4ff.
104 Bilderbuchartiger und deutlicher als bei manch anderem Sakrament legt sich nach den theologischen Kriterien (vgl. L. Ott, Grundriß der katholischen Dogmatik, Freiburg i. B. 10/1981, 391f) die Sakramentalität der Fußwaschung nahe.

hin zum Kreuz und in der göttlichen Bestätigung seiner diakonischen Existenz in der gefeierten Auferweckung. Was spricht also dagegen, die Eucharistiefeier in das liturgische Zentrum beider Kirchenbereiche zu bringen und sie dort zugleich als Sakrament der Einheit in der Martyria bzw. in der Diakonia und zwischen diesen zu feiern? Dafür allerdings müßte dann auch der Gemeindebegriff erweitert werden und als Würdetitel den diakonischen Einrichtungen zukommen. Immerhin gab es in der alten Kirche eine sehr intensive Zuordnung (etwa in der Gabenbereitung) von diakonischem Dienst und liturgischer Feier. Zudem gelänge wohl erst dann richtig die Gleichstufigkeit des Diakonats zum Presbyterat (man kann vielleicht auch von einem zweifachen presbyteralen bzw. diakonalen «Priester»- oder Weiheamt sprechen), wenn ersteres die Vollmacht zur Feier der Eucharistie im Bereich der Diakonie und zwischen Diakonie und Martyria hätte.[105]

Taufe und Firmung gehören dann dominant in den spezifischen Bereich der Eingliederung in die Glaubensgemeinde, *Buße* (s.o. Abschnitt VI/1.) und *Krankensalbung* (besonders im Blick auf Jesu Heilungsgeschichten den Sündern und Kranken gegenüber) in den Bereich der diakonischen Zuwendung. (Damit lösten sich so manche praktischen Probleme der Diakone in der Krankenhausseelsorge; umgekehrt verhindern diese Überlegungen die Gefahr der Reduktion des Priesteramtes auf den kultischen Bereich). Die *Ehe* (als besonderen Fall der christlichen Koinonia) kann man sich gut in beiden Bereichen vorstellen (je nach Lebens- und Arbeitsfeldern sowie nach dem Eheverständnis der PartnerInnen), während die Weihevollmacht für Priester und Diakone selbstverständlich in den Händen (Handauflegung) der Bischöfe liegt[106] (s.u. die Graphik in Abschnitt VI/5.). Könnte nicht auch dieser Vorschlag jene drei

---

105 Kon-Zelebrationen hätten dann einen einsehbaren ekklesiologischen Sinn, wenn darin Priester und Diakone (gleichstufig!) die unvermischte Einheit von Martyria und Diakonia darstellen und feiern. Zum diesbezüglich erweiterten Gemeindebegriff vgl. Fuchs, Heilen 149ff; zur Möglichkeit und Notwendigkeit, auch dem Diakon die Eucharistievollmacht zu verleihen, sofern er mit einer Leitungsaufgabe betraut ist, vgl. Rahner, In Sorge um die Kirche 135.

106 Dies entspräche der bleibenden hierarchischen apostolischen Vollmacht der Bischöfe und ihrer diesbezüglichen Überordnung über Presbyter und Diakone: vgl. Ott, Grundriß 334ff und 540ff.

Vollzugsweisen der Einheit ausdifferenzieren, von denen Kasper spricht: «Die Einheit der Kirche vollzieht sich nämlich konkret in der Einheit des Bekenntnisses, in der Einheit der Eucharistiefeier und der anderen Sakramente und in der Einheit des gegenseitigen gemeinsamen Dienstes der Liebe.»[107]

4. Einheit des Unvermischten

Die vorgeschlagene duale Ämterstruktur hat nichts mit einer Spaltung zwischen Diakonie und Martyria zu tun, sondern bezieht sich direkt auf die christologischen Prinzipien der Perichorese menschlicher und göttlicher Natur in Jesus Christus, was, in der Kategorie der Relation ausgedrückt, seine Menschen- und (heilsökonomisch-trinitarische) Gottesbeziehung meint. Die Dualität rettet dabei das Unvermischtsein der Gottes- und Nächstenliebe, während die kollegiale Einheit von Presbyterat und Diakonat deren Ungetrenntsein garantiert, auch dahingehend, daß sich (im Sinne des «Ineinanders» der Idiomenkommunikation) die Martyria diakonisch ereignet (und nicht etwa mit der Gottesverkündigung die Menschen unter beängstigenden Druck setzt) und daß sich die Diakonia für die Hoffnung und Kritik der Martyria öffnet (etwa in der Abrüstung des Gotteskomplexes, als könnten und müßten wir bereits hier jedes Leid beseitigen können, was zu Resignation oder Gewalttätigkeit verführt).

Eine voneinander getrennte Regionalisierung der beiden Bereiche ist ebensowenig angezielt wie jene reduzierte Mischvorstellung, in der ein Bereich bereits als solcher mit dem anderen identifiziert (wer an Gott glaubt, tut ja schon «das Eigentliche ganz») und damit das Ganze der Kirche mit seiner Hälfte gleichgesetzt wird (wie etwa im ungebrochenen Selbstbewußtsein mancher Pfarrer, in ihrer Wort- und Zeichenarbeit in den Pfarreien erschöpfe sich bereits die Identität der ganzen Kirche; die duale Sicht von Kirche

---

107 Kasper, Glaube 364. Welche besondere Aufgabe für den Episkopat aus dieser Ämterstruktur erwächst, kann hier nicht näher verfolgt werden. Eine wichtige Verantwortung wird sicher darin liegen, die Pluralitätsfähigkeit und Einheit in und zwischen den Bereichen der Martyria und Diakonia zu fördern und für ihre gegenseitig gleichstufige Wichtigkeit einzutreten (s.o. Abschnitt V/3.).

und Amt eröffnet ihnen demgegenüber kritisch, daß hier nur die Hälfte von Kirche vorhanden ist).

Zudem geht es um die Einsicht: Was Jesus Christus in Personalunion tat, kann und darf die Kirche als «Leib Christi» in Gemeinschaftsunion tun (was nicht verhindert, sondern ermöglicht, daß auch einzelne ChristInnen die ganzheitliche christliche Nachfolge leben; nur darf man dies nicht einfachhin als Normalfall christlicher Existenz einfordern). Wo Menschen sich im Bereich der Kirche zugunsten des Reiches Gottes und der Welt engagieren, können sie nicht alles tun, sondern müssen Optionen treffen. Wer in einem sozialen Arbeitskreis tätig ist, kann oft nicht die gleiche Zeit und das gleiche Engagement für die Glaubensbildung in entsprechenden Gruppen investieren.

Unterschiedliche Charismen werden sich unterschiedlich und damit einseitig verwirklichen dürfen, die einen mehr im Bereich der Martyria, die anderen mehr in der Diakonia. Wichtig ist deren gegenseitiges Bewußtsein von ihrer Gleichwertigkeit. So gibt es die vorwiegende Manifestation der diakonischen Seite der Kirche in den Institutionen des Caritasverbandes mit all ihrer diesbezüglich notwendigen Professionalität, so gibt es aber auch die vorwiegende Manifestation der Martyria der Kirche in der katechetischen Arbeit der Pfarreien, in Schulen und an Universitäten. Die duale Struktur entspricht also nicht nur der christologischen Verfaßtheit der Kirche, sondern nimmt gerade als solche auch die Begrenztheit der Charismen und Sozialformen der Kirche ernst. Zugleich ermöglicht und provoziert sie in diesen Begrenzungen eine möglichst hohe Wirksamkeit der beiden Bereiche.

Von der Pfarrgemeinde wäre in diesem Zusammenhang zu wünschen, daß sie in ihrer nichtprofessionellen Charismenkompetenz in der Alltagswelt beide Dimensionen verwirklicht, indem es zwar auch in der Gemeinde unterschiedliche Bereiche gibt (etwa soziale Kreise wie auch Gebets- und Meditationskreise), wo aber auch deren Kontakt, Auseinandersetzung und gegenseitige Bereicherung (noch) in direkter Begegnung erlebt werden können. Deshalb mein Vorschlag (s.u. Abschnitte VIII/4.-5.), dort ein Team aus Presbyterat und Diakonat (bzw. bei kleineren Gemeinden in entsprechender Personalunion) als Gemeindeleitung einzurichten.

Nichtsdestoweniger sind nach wie vor jene institutionellen Bereiche wichtig und notwendig, wo dominant das Diakonat (wie in den Einrichtungen des Caritasverbandes) und dominant das Presbyterat gefragt und gefordert sind. Die kollegiale Zusammengehörigkeit der diakonalen und presbyteralen Amtspersonen wird dann auch die eigenständigen Bereiche der Diakonie und Martyria auf hoffentlich vielfältige Weise zusammenbringen, oder zumindest voneinander etwas wissen lassen.

Die ämterbezogene Ausdifferenzierung der Einheit des Bekenntnisses und der Einheit des Dienstes der Liebe und die entsprechende Zuordnung der Sakramente zu diesen Bereichen verhindert selbstverständlich nicht, sondern ermöglicht vielmehr um so profilierter, daß die herkömmlichen Priester aufgrund ihrer Diakonatsweihe in überschaubaren Gemeinden durchaus (in Personalunion) für beide Bereiche zuständig bleiben, z.b. sowohl für die Bibelkreise wie auch für die sozialen Initiativen einer Pfarrei. In größeren Pfarrgebieten wird man aber eher davon ausgehen, daß es pastorale Teams gibt, in denen Priester und Diakone gleichstufig miteinander zugunsten des gegenseitigen Profils von Martyria und Diakonia und der Verbindung von beiden in der Gemeinde umgehen.

Es geht hier auch nicht darum, hierzulande entstandene institutionelle und professionelle Trennungen zwischen Verkündigungs- und Diakonieräumen nun auch noch mit einer theologischen (eigentlich ideologischen) Legitimation zu versehen. Vielmehr ist es mein Anliegen, Martyria und Diakonia zwar unvermischt zu unterscheiden, aber sie auch immer wieder in ihrer konstitutiven Ungetrenntheit miteinander in Verbindung zu bringen. Relative Selbständigkeit (zwischen Pfarrei und Caritasverband, zwischen Bibelkreis und sozialem Arbeitskreis) sind dann ebenso möglich, wie deren Austausch (in Begegnung und Gottesdienst) untereinander nötig wird.

5. Überblick

Folgende *Graphik* mag meinen Vorschlag veranschaulichen:

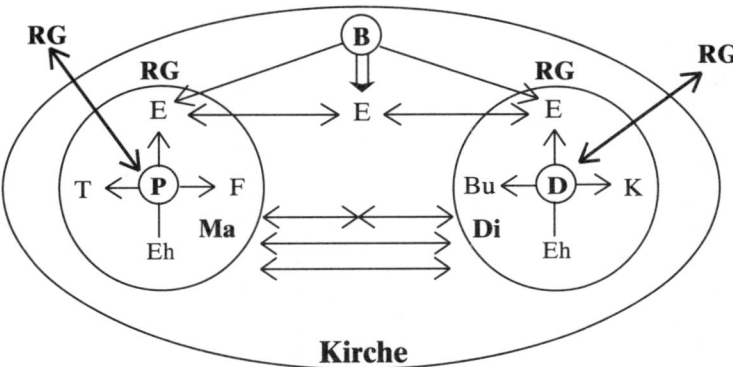

Zur Erklärung:
B = Bischof, P = Presbyter, D = Diakon, E = Eucharistie, T = Taufe, F = Firmung,
Bu = Buße, K = Krankensalbung, Eh = Ehe, Ma = Martyria, Di = Diakonia,
RG = Reich Gottes.

Die beiden Kreise stehen für die gleichstufigen Bereiche von Martyria und Diakonia und befinden sich insgesamt in der sie umfassenden Ellipse der Kirche. In diesen Kreisen gibt es einmal die für diese Selbstvollzüge charakteristischen Sakramente der Taufe und Firmung im Bereich der Martyria bzw. der Buße und Krankensalbung im Bereich der Diakonie. Dabei handelt es sich nicht um eine exklusive, sondern dominanzmäßige Zuteilung. Überhaupt ist das ganze Schema auf keinen Fall statisch, sondern plastisch zu verstehen, als Momentaufnahme dynamischer Vorgänge des Ineinander-Übergehens und des Austausches. Um aber klar zu bekommen, was im kirchlichen Leben zum Austausch kommt, muß das eigenständige Profil der sich austauschenden Selbstvollzüge deutlich bleiben, damit kein die Eigenwichtigkeiten der beiden Bereiche zerstörendes Mischmasch entsteht.

Das Sakrament der Eucharistie gehört als Feier und Ausdruck der verantwortlichen Gemeinschaftsbildung in beide Bereiche hinein und ist zugleich Feier und Ausdruck der Zusammengehörigkeit beider Bereiche in der Kirche. Für diese Zusammengehörigkeit von Martyria und Diakonia in ihrer gleichstufigen Profilierung wie auch

91

in ihrem Austausch ist auf diözesanem Niveau insbesondere der Bischof verantwortlich (s.o. Abschnitt V/3.). Zu dieser Verantwortung gehört auch, daß in beiden Bereichen und zwischen ihnen auf den unterschiedlichen Niveaus (von kleineren Pfarreien bis hin zu größeren Institutionen) genügend Personen für die entsprechende eucharistische Leitungsverantwortung zur Verfügung stehen (durch die Ausübung der Weihevollmacht im priesterlichen Presbyterat und Diakonat). Das Sakrament der Ehe kann je nach Selbstverständnis und/oder Arbeits- bzw. Lebensbereich der PartnerIn in beiden Bereichen angesiedelt sein (s.o. Abschnitt VI/3.).

Die beiden «Reich Gottes»-Pfeile signalisieren die welt- und gesellschaftsbezogene Verantwortung des kirchlichen Selbstvollzugs, wie sie hinsichtlich der Kirche und von daher auch bezüglich des kirchlichen Amtes in Abschnitt II/4. und V/4. entwickelt wurden: als Aufbau des Reiches Gottes innerhalb und außerhalb der Kirche und als Austausch zwischen diesen beiden. Die drei Pfeile zwischen den beiden Kreisen stehen für die vielfältigen gegenseitigen Informationsbeziehungen und für das Ineinandergreifen der beiden Bereiche, nicht zuletzt auch dafür, daß die beiden Kreise nicht nur ungetrennt nebeneinander existieren, sondern auch sich immer wieder aufeinander zubewegen und sich gegenseitig teilweise an den Stellen überlappen, wo beide Dimensionen verwirklicht werden.[108]

Übrigens wird die gemeinsame Eucharistie nicht nur die Dimension der Einheit in und zwischen den Sozialformen der Diakonie und Martyria im liturgischen Vollzug erlebbar einbringen, sondern sie hat auch für die beiden Bereiche selbst eine jeweilig unterscheidbare Bedeutungsdimension, die dann auch ihre Feier in der Diakonie bzw. in der Martyria in einen eigenen Sinnzusammenhang bringt.

Vielleicht lassen sich von daher auch alte Begriffe, die die kirchliche Dogmatik für die Charakterisierung der Eucharistiefeier gefunden hat, mit neuer Brisanz verstehen: Die Eucharistiefeier ist Worterinnerung und Taterinnerung, Memoria der Worte Jesu und seiner Zeichenhandlung des Letzten Abendmahles, und eben darin die Erinnerung seiner radikalsten Diakonie für die Menschen,

---

108 Vgl. dazu das Schema der sich überlappenden Kreise der Martyria und Diakonia in Fuchs, Heilen 105.

insofern Jesus um dieser Diakonie willen sein Leben am Kreuz geopfert hat, und zugleich die Erinnerung an die göttliche Bestätigung dieses «Opfers» durch die Auferstehung. Es handelt sich also tatsächlich um ein *Erinnerungsmahl* und um ein *Opfergedächtnis*. So wird die Feier der Eucharistie im Bereich der Diakonie deren diakonale Dimension aktivieren, während die gleiche Feier im Bereich der Martyria deren presbyterale Dimension entfaltet. Und daß sich beides in diesem einzigen Sakrament der Eucharistie ereignet, zeigt zugleich, wie beide Bereiche zusammengehören. Diese Zusammengehörigkeit kann dann auch in entsprechenden gemeinsamen Eucharistiefeiern zwischen Menschen, die dominant im Bereich der Martyria bzw. der Diakonie arbeiten (in den Gemeinden selbst oder auch zwischen den verschiedenen Institutionen dieser Bereiche), erlebt werden.

VII
Sakramentalität im Dienst
der Befreiung

1. Mystifikation wofür?

Man mag fragen, warum mir in diesem Zusammenhang insgesamt die Bemühung um die Sakramentalität des kirchlichen Amtes so wichtig erscheint. Könnte man nicht auch so denken: Jede Gemeinde kommt zu ihren eigenen Leitungsmöglichkeiten wohl am besten durch die Wahl der betreffenden Person. Letztere tut dann einfach, wozu sie beauftragt ist. Tut sie es hauptamtlich, dann muß für ihren Unterhalt und der ihrer Familie von seiten der Gemeinde gesorgt sein. Wozu da noch das spezifische Sakrament des kirchlichen Amtes? Haben nicht alle Gläubigen aufgrund des allgemeinen Priestertums, das ihnen mit der Taufe gegeben ist, potentiell die Fähigkeit zur Gemeindeleitung? Wozu dann noch die Ordination, wozu der «Zauber» von Handauflegung und «besonderer» Geistübertragung? Warum diese «Mystifizierung» eines soziologisch gesehen normalen Vorgangs, nämlich, daß soziale Gebilde Führungspersonen mit entsprechenden Repräsentanzaufgaben brauchen. Dazu mag sich auch das Argument gesellen, daß die Weihe im Laufe der Kirchengeschichte ohnehin kaum unchristliche Kirchenleitung verhindert hat.

Diese Frage ist sicher berechtigt, muß allerdings in ihrer ganzen Reichweite begriffen werden, insofern es prinzipiell um das Problem der religiösen Dimensionierung besonderer menschlicher und zwischenmenschlicher Vorgänge geht. Dieselbe Frage sei deshalb kurz auf andere Beispiele ausgedehnt und darin durchbuchstabiert: wozu dann eigentlich die Taufe? Wozu diese Mystifizierung eines einfachen Vorganges der beginnenden Mitgliedschaft in einer religiösen Gemeinschaft, der man doch auch in der Form eines Vereins beitreten könnte? Wozu die Mystifizierung des von sich aus bereits ausreichend erfreulichen Vorganges des Miteinander-Essens durch die Eucharistiefeier, durch diese unterstellte seinshafte Verbindung des gegenwärtigen Mahles mit dem letzten Abendmahl? Wozu die Mystifizierung eines normalen zwischenmenschlichen Versöhnungsgespräches oder eines helfenden therapeutischen Gesprächs mit Hilfe der Vorstellung, daß Gott in der Beichte selbst losspricht und hilft? Wozu die Mystifizierung eines Ehebeginns mit dem Mythos, daß Gott etwas damit zu tun habe? Hier vollzieht sich ein ganz normaler Vorgang, der doch in sich bereits klar ist. Und der Kult gibt der Treue und Freundschaft der Beteiligten doch kaum zusätzlich etwas dazu.[109] Ist deren Beziehung nicht für sich selbst wichtig genug? Wozu die Mystifizierung des Erwachsen- und Mündig-Werdens in der kirchlichen Gemeinschaft durch die Firmung, als ob junge Menschen zusätzlich zu dem, was sie wert sind, noch etwas bräuchten oder hätten. Sie werden jetzt Verantwortung übernehmen, und das ist dann ein normaler Vorgang, der weder durch Mystifikation verhindert noch hergestellt wird, wenn sich jemand verweigert. Und schließlich: Warum die Mystifikation der Krankheit und des Sterbens durch ein eigenes Sakrament. Wichtig ist doch, daß es Menschen gibt, die den Kranken helfen, sie trösten, aufrichten, Zeit für sie haben, die Sterbenden nicht allein und sie menschenwürdig gehen lassen.

Insgesamt also: Wozu diese doppelte Sinnstiftung, die zwischenmenschlich menschliche und die religiös überbaumäßige? Warum diese Doppelschichtigkeit? Können wir nicht gleich das Leben realistisch lassen, wie es eben ist? Letztlich die Frage: Wozu überhaupt die Religion, wozu Gott, wozu die Kirche als Volk Gottes? Ein Freund, der aus der Kirche ausgetreten ist, hat es vor einiger Zeit folgendermaßen formuliert: «Im besten Fall der Religion brauchen die Gläubigen Gott, um gut zu sein. Warum sind sie es nicht bereits ohne diesen Energieverschleiß über Gott? Warum können sie nicht gleich gut und human ohne religiöse Operation leben?»

Ein erster Antwortversuch wird wohl davon ausgehen, daß die Menschen nicht damit zufrieden sind, nur einschichtig im «ersten semiologischen System» zu leben und darin ihre Erfahrungen zu ordnen.[110] So gibt es über dem empirischen und beschreibenden Benennungsbereich der Sprache (z. B. die sprachliche Benennung

109 Vgl. dazu Rahner, In Sorge um die Kirche 194, auch 130.
110 Vgl. zu diesem Begriff R. Barthes, Mythen des Alltags, Frankfurt a. M., 3/1974, 92ff.

eines gefühlten und gesehenen schwarzen Steines mit dem Begriff
«Schwarzer Stein») in vieler Hinsicht ein zweites Zeichensystem,
das man gern das mythische nennt, in dem das zunächst objekt-
sprachlich Benannte im Kontext gesellschaftlicher oder religiöser
Vorstellungen oder Riten zum Ausgangspunkt einer neuen Bedeutung wird (beispielsweise der Schwarze Stein als Zeichen des To-
desurteils bei einer anonymen Abstimmung).[111]

2. Funktion religiöser Symbolisierungen

In vielen Formen verschafft sich die Sehnsucht Ausdruck, beginnt
normale oder auch besondere Erfahrungen des Alltags mit einer
ästhetisch-künstlerischen oder wertorientiert-religiösen Tiefendi-
mension zu versehen, sei es mit Hilfe von Bildern und Metaphern,
von Musik und Poesie, oder von Traum (Phantasie) und Religion.
So gewinnt eine Ansammlung von Blumen, die schon für sich sehr
schön sein mögen, in der Hand des Freundes die emotionale Wer-
tungstiefe, als Blumenstrauß ausdrucksstarkes Zeichen einer besonderen Beziehung zu sein. Flüchtiges und scheinbar Zufälliges
wird damit dem Zufall entrissen und der Notwendigkeit innerhalb
eines Sinn- oder Bildzusammenhangs zugeführt. Das Grundpro-
blem liegt dabei nicht in der prinzipiellen Symbolfähigkeit zur
Mystifizierung von Erfahrungen, sondern darin, daß solche Mystifikationen ausgesprochen wirkungsvoll sein können und damit auch
machtförmig sind. R. Barthes hat vielfältig nachgewiesen, wie
beispielsweise die kommerzielle Werbung diese mythische Kraft
der Menschen durch eine Mystifizierung des Banalen für den
Absatzmarkt instrumentalisiert (indem beispielsweise die Bilder
menschlicher Abenteuersehnsucht mit so etwas unabenteuerlichem
wie einer Zigarette verschmolzen werden).
    Von solchen Mißbrauchmöglichkeiten her verstehe ich sehr wohl
die massiven Reserven gegenüber religiösen Mystifikationen,
Untertiefungen und Überhöhungen: eingesetzt als eine aus dem
absoluten selbst kommende Immunisierung des an sich Geschichtlichen und sozial Veränderlichen, mit dem Ziel, das Gewordene dem
geschichtlichen und sozialen Zugriff und damit der Kritik zu entziehen. Solchen Operationen ist selbstverständlich energisch zu

---

111 Vgl. Barthes, ebd. 91.

widerstehen. Doch gerade nicht dadurch, daß man «das Kind mit dem Bad ausschüttet» und jegliche Mystifikation beseitigen möchte, sondern indem dafür gekämpft wird, daß wirklich humane Ziele und Vorgänge in die Mystifikation aufgenommen werden, um dadurch den aufbauenden und helfenden Kräften unter den Menschen und in ihrer Religion Bestand und Macht zu verleihen. So geht es nicht darum, religiöse Symbolisierungen abzuschaffen, sondern sie strikt an menschenbekömmliche Realitäten zu binden. Ansonsten überläßt man die religiöse Macht denen, die sie mit der Aufrechterhaltung destruktiver Verhältnisse in der Menschen- wie auch in der Gottesbeziehung verbinden.

Auf dem Hintergrund dieser Überlegungen eröffnet sich das Handeln Jesu als eben jene Tätigkeit, in der die Rede von Gott unbedingt an heilende und befreiende Erfahrungen gebunden wird (vgl. Lk 11,20). Bezeichnend dafür ist die Passage im Matthäusevangelium, in der sich der erhöhte Christus selbst mit denen identifiziert, denen geholfen wird (vgl. Mt 25). Auch hier könnte man selbstverständlich (gerade im Sinne Jesu selbst sagen): Kranke zu besuchen und Fremde aufzunehmen, ist für sich wertvoll genug. Aber gerade weil es für sich wertvoll ist, ist es auch deswegen wert, religiös geschützt zu werden, hier durch die Vorstellung, daß Christus, daß Gott selbst in den Leidenden begegnet.

Daß die religiösen Symbole, Vorstellungen, Sakramente und Mystifikationen nicht als Klischees für irgendetwas benutzt werden können, daß sie nicht Unmenschlichkeit religiös legitimieren, kaschieren und überwölben, ist die entscheidende Aufgabe einer evangeliumsbezogenen Religionskritik. Gerade deswegen dürfen religiöse Symbolisierungen nicht einfach aus der Hand gegeben werden, weil sie sonst frei vagabundieren und für jede beliebige Verwendung verfügbar sind. So geht es immer wieder um einen an der christlichen Botschaft orientierten Klärungskampf bezüglich dessen, was tatsächlich, d.h. in der Praxis, mit den Begriffen Gott, Kirche, Sakrament und Verkündigung unbeliebig zu verbinden ist.

Im Grunde gibt es von daher nur zwei Möglichkeiten:
– Man verzichtet auf die mythische und religiöse Doppelbödigkeit überhaupt, freilich um den Preis, daß man ca. 80 Prozent dessen aus dem Blickpunkt verliert, was Menschen zum Handeln oder Nicht-Handeln bewegt.[112]

112 Vgl. dazu O. Fuchs, Die mythisch-symbolische Dimension religiöser Geschich

– Man kämpft in der Religion, in die man hineingeboren ist, für den menschendienlichen Einsatz religiöser Symbole und Sakramente. Im Christentum entspricht dies der Vorstellung eines menschenfreundlichen Gottes.

Wer die religiösen Erfahrungsweisen klein halten und damit die Religion selbst aufgeben möchte, vergißt, daß in religiösen Mythen viele Menschen zu Hause sind. Und es besteht schlechterdings kein hinreichender Grund, warum die Menschen nicht alle ihre kreativen Möglichkeiten, auch die religiösen, entfalten sollten. Bereits H. Marcuse hat vor der Eindimensionalität des Lebens und der Gesellschaft gewarnt und der Religion gegenüber dem empirisch-technologischen Kalkül alternative Kraft zugeschrieben, wenn sie sich als Potential nicht nur der Stabilisierung, sondern auch der verbessernden Veränderung menschlicher Verhältnisse begreift und einzusetzen vermag. Entsprechendes denkt E. Bloch über die zwar oft verfolgte, aber doch mögliche und immer wieder aufbrechende verändernde Kraft des Christentums.[113]

Ein Blick auf Jesus zeigt, daß er nicht gegen die Religion Israels kämpft, sondern sich in ihr für den richtigen Einsatz des Gottesbegriffes einsetzt und für die Distanz zu Mystifizierungen, die nicht menschendienlich sind, sondern lediglich der Machtausübung der Herrschenden dienen.[114]

3. Im Dienst der Praxis des Evangeliums

Von diesem hier nur angedeuteten Hintergrund her geht es also

ten, in: K. Kertelge (Hrsg.), Metaphorik und Mythos im Neuen Testament, Freiburg i. B. 1990, 11-77.

113 Vgl. H. Marcuse, Der eindimensionale Mensch, Neuwied/Berlin 5/6/1968; E. Bloch, Atheismus im Christentum, Frankfurt a. M. 1968; ders., Im Christentum steckt die Revolte, Zürich 1971.

114 Auch der Einwand, vom damaligen kulturreligiösen Kontext her hätte Jesus gar nicht die Alternative gehabt, bis hin zum Atheismus aus dem Religiösen auszusteigen, während solche Entscheidungen heute möglich seien, greift nicht, denn die Mystifikationssehnsüchte der Menschen sind gerade heute immens und explodieren in vielen neo- und quasireligiösen Bereichen, etwa in der Esoterik, aber auch in der praktischen Mystifikation des Geldes und der Macht, entsprechend dem Satz Luthers: Woran du dein Herz hängst, das ist dein Gott.

nicht darum, die Amtsweihe abzuschaffen, sondern mit der richtigen Wirklichkeit, nämlich mit einem konsequent christlichen Leitungsstil zu verbinden. Letzterer gewinnt dann eine um so größere emotionale Tiefe über seine Pragmatik hinaus, eine Art religiöse Unter-Stützung, die möglicherweise gerade die Menschen trägt, die es in ihrer Praxis menschenbekömmlicher Leitung schwer haben, die darin scheitern, sich darin immer wieder aussetzen und beispielsweise aufgrund ihres Kampfes zugunsten der Leidenden bei der Majorität an Autorität verlieren. Die Abschaffung der sakralisierenden Formen wäre demgegenüber eine Verarmung menschlicher Ausdrucksmöglichkeit, aber auch eine Verarmung in der Fähigkeit, menschenfreundliches Verhalten religiös zu unterkellern. Nicht deren Abschaffung ist also angesagt, sondern deren spezifische inhaltliche Bindung.

Zudem gehört es zum Proprium gerade der katholischen Kirche innerhalb einer bezüglich der Kirchen gleichstufig gedachten Ökumene, in der die Unterschiedlichkeit der Kirchen überleben darf, daß sie entscheidende biographische und soziale Ereignisse mit sakramentalen Vorgängen in Beziehung bringt und damit in den Bereich besonderer Gottbezogenheit stellt. Sie tut dies in der Form, daß wichtige Knotenstellen biographischer und soziographischer Existenz im Horizont der geglaubten Christusbeziehung eine besondere Dignität bekommen. Alles hängt nun davon ab, daß die damit evozierte Erinnerung an Jesus Christus sehr genau ist und auch kontextuell entsprechend eingehalten wird. Dann würde das Sakrament tatsächlich die Herkunft von Christus her in dessen faktisch erfahrbarer Präsenz in der Gegenwart vermitteln. Die kirchliche Dogmatik hat diesen Tatbestand in die Vorstellung gebracht, daß Christus die Sakramente «eingesetzt» hat, um in ihnen in jeder Zeit gegenwärtig zu sein. Dem II. Vatikanum war es endlich ein zentrales Anliegen, die Zeichen und Sakramente der Kirche mit jenem Lebens- und Existenzvollzug zu verbinden, der praktisch theologisch damit gemeint ist.

Was als kirchliche Wirklichkeit und in entsprechender Hauptamtlichkeit gegeben ist, darf und sollte «sakramental greifbar (sein) in der Dimension des kirchlichen Amtes». Wer «praktisch das tut, was das Wesen des Diakons ausmacht», «erhält durch die Weihe nicht eigentlich etwas hinzu, was er sonst nicht hätte, sondern es wird sakramental greifbar in der Dimension des kirchlichen Amtes festgemacht, was in ihm schon gegeben ist.»[115] W.Kasper spricht vom Amt als dem «Spiegel und Repräsentant der pneumatischen und charismatischen Wirklichkeit der Gemeinde»[116] – selbstverständlich in der professionellen Verantwortung, das Wesen der Gemeinde in der jeweiligen Zeit und auf Zukunft hin zu ermöglichen, zu fördern und zu aktualisieren.

Die Redeweise, daß die Personen im kirchlichen Weiheamt «in Persona Christi» handelten, wäre dann die Mystifikation des Tatbestandes, daß sie Intention und Perspektive Jesu in ihrer Leitungsaufgabe verwirklichen. Damit etabliert der Ordo eine besondere Form jener in der Taufe gegebenen Vorstellung, daß jeder Mensch ein «alter Christus» sei, und zwar hier im Bereich der Kirchenführung. Auf diese Weise wird er zum «Beispiel kommunialer Christusnachfolge», «indem er alle Charismen der Gemeinde fördert und ins Ganze der Gemeinde integriert, indem er im diakonischen und therapeutischen Dienst Gemeinde auferbaut und zusammenhält...»[117] Auch N. Mette will mit der aus guten theologischen Gründen abzulehnenden «Sacerdotalisierung» dennoch daran festhalten, «daß es für die Kirche und in ihr bleibende konstitutive Dienstämter gibt und ihnen entsprechend katholischem Verständnis ein sakramental-spezifisches Wesen innewohnt. Denn unbeschadet der Tatsache, daß alle Gläubigen aufgrund ihrer in Taufe und Firmung empfangenen Geistbegabung gewissermaßen Träger spontaner pneumatischer Kirchenämter sind, ist nicht zu übersehen, daß es um des Aufbaus und der Identität der Kirche und ihrer Gemeinde willen auch darum gehen muß, einerseits die einzelnen Charismen aufzuspüren, sie zu ihrem unverzichtbaren Beitrag in der Nachfolge Jesu zu ermutigen und zu befähigen, andererseits aber auch für die Erkenntlichkeit der Gemeinde Jesu Christi und ihrer Kontinuität im Sinne des wirkungsvollen Beistandes des Heiligen Geistes Sorge zu tragen.»[118]

---

115 Rahner, In Sorge um die Kirche 194, vgl. auch 130.
116 Kasper, Glaube 408.
117 W. Beinert, Autorität um der Liebe willen. Zur Theologie des kirchlichen Amtes, in: K. Hillenbrand (Hrsg.), Priester heute. Anfragen Aufgaben Anregungen, Würzburg 2/1991, 32-66, 59.
118 N.Mette, Gemeinsam im Dienst einer evangelisierenden Pastoral. Die Chance einer Vielfalt kirchlicher Berufe für die Sendung der Kirche, in: Hoffmann (Hrsg.), Priesterkirche 208-231, 227.

Entscheidend ist dabei, daß die sakramentale (wie auch die verbale) Berufung auf Christus nicht zum Klischee für eine Nicht-Christus-Präsenz in der tatsächlichen Praxis wird. Die im Sakrament gegebene Verknüpfung von Vergangenheit und Gegenwart im Horizont der Nachfolge Jesu hat nicht nur die liturgische Erinnerung, sondern die Vollform der Memoria, nämlich die Verwirklichung im Leben zu erreichen. Ansonsten wäre jedes Sakrament, sei es liturgisch noch so feierlich und genau vollzogen, faktisch kontraeffektiv, Jesus würde wohl sagen: widersacherhaft und satanisch (vgl. Mk 8,33). Auch innerhalb der christlichen Religion geht es demnach um den Kampf gegen ihr Unwesen. Die vielen Menschen, die in dieser Religion zu Hause sind, sind es wert, *innerhalb* ihrer Glaubensvorstellungen Entängstigung, Befreiung und Rückenstärkung zu einem für alle Beteiligten bekömmlicheren Leben zu erhalten.

VIII
Ermöglichende Leitungspraxis
im Detail

1. Ermutigendes Führen

Prinzipiell wird man von der ganzheitlichen Vorstellung ausgehen, daß jede größere (nicht spezialisierte) Gemeinschaftsform der Kirche (z. B. eine Großstadtpfarrei) ein Team von mindestens einer presbyteralen und einer diakonalen Amtsperson hat. Dies schließt nicht aus, daß in kleineren Gemeinden beide Ämter in Personalunion von einer Person (dann aber auch wirklich) wahrgenommen werden. Immerhin gibt es auch die gegenwärtige Priesterweihe nur unter der Bedingung der vorangegangenen und sie beinhaltenden Diakonenweihe.

Dabei verstehen die entsprechenden Personen ihre «professionelle» Hauptamtlichkeit (ob in Form einer Erwerbsarbeit oder ehrenamtlich) grundsätzlich so, daß sie die kirchlichen Dimensionen, die sie vertreten, bei den Gläubigen wahrnehmen und schützen, anregen und dazu ermutigen, provozieren und aufbauen. Denn Subjekt von Martyria und Diakonia ist immer das Volk Gottes und damit die Gemeinde selbst. Es ist die Aufgabe des kirchlichen Amtes, diese christliche Identität des Volkes Gottes zu ermöglichen und zu stützen (und nicht etwa zu verhindern und exklusiv an sich selbst zu delegieren).

Professionalität bedeutet nicht Delegation in dem Sinn, daß die Gemeinde die diakonische oder die Verkündigungsaufgabe, die sie als Volk Gottes primär selbst hat, an Professionelle abgibt, sondern meint die amtliche Verantwortung für die Sorge, daß die Gemeinde mit all ihren Charismen Christus in dieser doppelten Weise begegnet. Dies gilt nicht nur für die Diakonie, sondern auch für die Martyria, insofern die einzelnen Glaubens- und Symbolerfahrungen der ChristInnen (und nicht nur der lehramtlichen Verkündigung) den

Glauben der Kirche ausmachen und als solche zum Gespräch kommen dürfen.[119]

P.M. Zulehners Befürchtung, daß durch Anwachsen der Hauptamtlichkeit eine Expertenkirche entstehe, die einer modernen Version des «pastoralen Grundschismas» zwischen Volk und Professionellen Vorschub leiste, ist durchaus ernstzunehmen[120], darf allerdings nicht zu einer generellen Diffamierung der Hauptamtlichen verkommen. Man kann sich nicht nur vorstellen, sondern es gibt eindeutige Erfahrungen dafür, daß eine intensivierte Hauptamtlichkeit die «Grundamtlichkeit» aller ChristInnen nicht nur nicht im Sinne einer Betreuungspastoral beschneidet, sondern durchaus im Sinne einer Beteiligungskirche intensiviert und ausweitet.[121]

Unter komplexen Verhältnissen der Bewußtseinsbildung, insbesondere in der Konkurrenz mit starken medialen Systemen der Meinungsbildung, ist «nicht zu sehen, wie die Kirche unter den vorfindlichen soziokulturellen Voraussetzungen ihren Aufgaben (sc. nämlich für die ganzheitliche Befreiung und Subjektwerdung für die Menschen einzutreten, O.F.) ohne – dafür auch bezahlte – pastorale Berufe nachkommen kann»[122]. Voraussetzung dafür sind selbstverständlich entsprechende Kompetenzprüfungen und Ausbildungsvorgänge. Für die Leitungsverantwortung des Presbyterats bzw. Diakonats muß selbstverständlich ein Theologiestudium nicht Voraussetzung sein. Diesbezügliche «Laien» können durchaus aufgrund bestimmter Bewährungsvorgänge ordinierte Amts-

---

119 Vgl. van Kessel, Gemeinde 142ff. Der Autor scheint hier die Verkündigung in Wort und Zeichen mehr dem kirchlichen Amt zuzugestehen als allen Gläubigen, während er im Bereich der Diakonie den Mitgläubigen volle Kompetenz zutraut. Dieses Gefälle in der «Laien«-Beteiligung von der Diakonia zur Martyria kann ich nicht nachvollziehen. Denn der Glaube der Kirche ist immer auch der Glaube der Gläubigen, wie auch die Diakonie der Kirche immer durch die Diakonie der Gläubigen eingelöst wird (vgl. ebd. 143 und 144).

120 Vgl. A. Heller/P.M. Zulehner, Jenseits der Klerus- und Expertenkirche, in: M. Albus/P.M. Zulehner (Hrsg.), Nur der Geist macht lebendig, Mainz 1985, 119-129.

121 Zum Begriff der Grundamtlichkeit vgl. P.M. Zulehner, «Denn du kommst unserem Tun mit deiner Gnade zuvor...« Zur Theologie der Seelsorge heute. P.M. Zulehner im Gespräch mit K. Rahner, Düsseldorf 3/1984, 89ff.

122 Mette, Gemeinsam 228.

trägerInnen werden. Umgekehrt kann ich mich gut der Meinung anschließen, daß TheologInnen in sogenannten profanen Berufen tätig sind und darin entsprechende Perspektiven für die Basileisierung der Lebensbereiche entwerfen.[123] Übrigens: Wenn ich hier den Begriff «Laie» gebrauche, dann strikt in der am «laos», also am Volk orientierten Bedeutung, und nicht etwa von einem Mangelbegriff her, der seine Inhaltlichkeit erst in Zuordnung zum Klerus erhielte.[124]

2. Vor-Gegebenheit der Vergangenheit

Von daher darf auch weiterhin von der Notwendigkeit des hierarchischen Ordo als «Gegenüber» zur Gemeinde die Rede sein. Denn das kirchliche Amt hat nicht nur die Aufgabe des Leitungsdienstes an den lebenden ChristInnen entsprechend der soziologischen Erfahrung, daß sich in allen Gesellschaften, Gruppen und Initiativen Leitungspersonen, -funktionen und -strukturen herausfiltern (was sich im Kontext der besten gegenwärtigen Gesellschaftsorganisationen nur demokratisch konstituieren könnte), sondern hat das demokratische Paradigma dahingehend zu radikalisieren, daß auch die Zeugnisse der Toten in die Gleichheit, Freiheit und Geschwisterlichkeit der Lebenden aufgenommen werden. Zur synchronen Communio der Kirche in der Gegenwart gehört auch die in die Vergangenheit reichende diachrone Communio der Kirche mit den verstorbenen ChristInnen, selbstverständlich besonders mit den verstorbenen ZeugInnen der biblischen und kirchlichen Tradition und in deren Zentrum mit jenem gekreuzigten Jesus, der als der Auferstandene verkündet wird.[125]

---

123 Vgl. P. Modler, Zeit der Volkstheologen?, in: Orientierung 50 (1986) 117-119.

124 Vgl. dazu K. Koch, Kirche der Laien? Plädoyer für die göttliche Würde des Laien in der Kirche, Freiburg/Konstanz 1991; E. Leuninger, Wir sind das Volk Gottes! Demokratisierung der Kirche, Frankfurt a. M. 1992; L. Boff, Kirche: Charisma und Macht, Düsseldorf 2/1985, 232-250, 267-284; sowie die Beiträge in O. Fuchs/N. Greinacher/L. Karrer/N. Mette/H. Steinkamp, Der pastorale Notstand. Notwendige Reformen für eine zukunftsfähige Kirche, Düsseldorf 1992.

125 Vgl. H.J. Pottmeyer, Normen, Kriterien und Strukturen der Überlieferung,

Überdies gibt es auch die Communio der Kirche mit den kommenden Generationen, was für die Lebenden die Verantwortung bringt, die Verkündigungszeugnisse der Vergangenheit für die Zukunft zu retten (also die Martyria) und für deren menschenwürdiges Lebens bereits jetzt zu arbeiten und zu kämpfen (die Diakonia den Zukünftigen gegenüber).

Über die Vor-Gegebenheit der Zeugnisse der Toten kann nicht verfügt werden, über ihr gewesenes Da- und So-Sein kann auch nicht demokratisch abgestimmt werden, genau so wenig wie das Lebensrecht der gegenwärtigen Subjekte in ihrem Da- und So-Sein zur Debatte steht. Daß kein Jota der Toten, die sich nicht mehr selbst gegen das Vergessen wehren können, verlorengeht, und daß die jeweilige Gegenwart ihnen intersubjektiv (also gleichstufig in gegenseitiger Freiheit und Achtung) begegnet und sie entsprechend ernst nimmt, dafür steht die Traditions-Verantwortung des kirchlichen Amtes. Und darin besteht sein «Gegenüber» zur Gemeinde der Lebenden, daß es diesen die diachrone Kirche gegenüberstellt: Zur Erinnerung des Gottvertrauens und der Menschenliebe vergangener Menschen (einschließlich ihrer Schwächen, Sünden und Zweifel), um von daher für die Gegenwart Kreativität, «gefährliche» Kritik und Zuversicht zu gewinnen. Der Priester, dessen Begriff auf den Presbyter zurückgeht, ist ja der Verantwortliche für die entscheidenden Glaubensgeschichten – ein gar nicht abwegiger Anklang an jene «Ältesten», die den «Jüngeren» die «alten» Geschichten erzählen. Auch aus dieser Perspektive «wäre es besser, heute statt von Priestern von Presbytern zu reden»[126].

Die Traditionsverantwortung des Diakons bzw. der Diakonin im Ordo liegt dann besonders darin, die Geschichten der Opfer der Geschichte nicht der Vergessenheit zu überlassen, sondern in der Trauer um deren Schicksal zugleich die gegenwärtigen Täterschaften zu identifizieren und gegenwärtige wie zukünftige Opfer zu verhindern bzw. Menschen, die zu Opfern gemacht wurden, zu befreien und, soweit Leid nicht verhinderbar ist, es mit ihnen zu teilen. Aus dieser Perspektive gewinnt der Opfercharakter der eucharistischen Mahlfeier eine neue Dimension, denn Zentrum christlicher Erin-

---

in: W. Kern u.a. (Hrsg.), Handbuch der Fundamentaltheologie, Bd.4: Traktat Theologische Erkenntnislehre, Freiburg i. B. 1988, 124-152, 143.

126 Kasper, Glaube 363. Kasper begründet diese Empfehlung seinerseits mit der starken Sakralisierung des Priesterbegriffes.

nerung ist die Vergegenwärtigung des Opfers der Geschichte schlechthin, das ChristInnen in Jesus von Nazaret als ein von Gott selbst riskiertes erkennen.

Ergeben sich so das presbyterale und diakonale Amt als Rettung der Glaubens- und Opfergeschichten der Geschichte, insbesondere der Geschichte Jesu Christi, aber in ihm immer auch aller Menschen in seiner konfessorischen bzw. diakonischen Nachfolge sowie aller, die um ihr Leben und ihre Lebensmöglichkeiten gebracht wurden, dann aktualisiert solche Erinnerung die Vorgegebenheit von Gottesliebe und Menschenliebe in den biographischen Konkretionen vergangener Menschen. Diese Vorgegebenheit im Kontext der gleichzeitig damit erinnerten doppelten Realpräsenz Christi in der Geschichte (in seinem Wort vom erlösenden und befreienden Gott wie auch in den Leidenden und ihren HelferInnen) ist in der Tat als Manifestation der Gnade dafür zu lesen, daß es in der Geschichte befreienden Gottesglauben und helfende wie teilende Nächstenliebe wirklich gibt.

Besonders in diesem indikativischen Sinn der Vorgegebenheit einer in die Vergangenheit reichenden Solidarität zwischen Lebenden und Toten (die übrigens über den geschichtlichen Bezug auch die spirituelle Komponente in sich trägt, daß die Toten ja in Gott leben und von daher auch als gegenwärtige Solidaritätspartner der Lebenden angesprochen und angerufen werden können) hat das kirchliche Amt die Vergangenheit in die Gegenwart zu bringen und erst auf dem «Humus» von Gabe und Zuspruch die Ermöglichung und Notwendigkeit entsprechender Aufgaben und Ansprüche anzusiedeln. Auf diese Weise trifft wohl zu, wenn Kasper schreibt: «Indem das Amt freilich zeichenhaft die Vorgegebenheit der Gnade und das Gegenüber Christi zur Gemeinde darstellt, tritt es ebenfalls in gewisser Weise der Gemeinde gegenüber. ... Das Amt ist nicht die ‹Sache› selbst, um die es im Glauben geht, es ist nur Zeichen; aber *als dieses Zeichen* der Vorgegebenheit der Gnade ist es wesentlich...»[127] Das kirchliche Amt kann demnach als institutionssoziologischer Ausdruck für dieses Zeichen der Vorgegebenheit angesehen werden. Eine solche Ordnung gründet «nicht im Herrschaftswillen vom Menschen, sondern im Gnadenwillen Gottes...»[128].

---

127 Kasper, Glaube 407128
128 Kasper, ebd. 394.

Es kommt allerdings alles darauf an, daß die kirchliche Amtspraxis eben dieser theologischen Intention entspricht!

3. Pluralität in der Einheit

Bislang war noch undifferenziert von der Leitungsverantwortung für die «Einheit» in den kirchlichen Existenzbereichen der Martyria und Diakonia sowie zwischen ihnen die Rede. Ohne Ausführungen zu wiederholen, die ich an anderer Stelle bereits zu dieser Frage vorgelegt habe,[129] möchte ich hier doch in aller Kürze folgendes anmerken: Es ist ein integraler Bestandteil der einheitstiftenden Leitungsvollmacht, Pluralität nicht nur zuzulassen, sondern zu wecken und plurale Standpunkte miteinander in Beziehung zu bringen bzw., wenn dies nicht möglich sein sollte, zur gegenseitigen Toleranz zu ermahnen. «Die Strukturierung der Gemeinde... ist nicht ‹dualistisch› auf die Polarität Amt – Gemeinde begründet, sondern ‹pluralistisch› auf die Fülle von Charismen.»[130]

Eine doppelte Versuchung lauert hier auf das kirchliche Amt: Zum ersten, daß die Amtsträger ihr Amt mit ihrer Meinung verwechseln und glauben, ihre eigenen Auffassungen seien durch die Weihe höher gestellt als die der anderen Gläubigen oder gar so divinisiert, daß andere nur zuzustimmen haben. Dies ist selbstverständlich nicht der Fall. Ihr Amt besteht vielmehr darin, alle Auffassungen (einschließlich der eigenen) in Gleichstufigkeit zueinander zum Austausch zu bringen bzw. nebeneinander stehen zu lassen. Die zweite Versuchung besteht darin, intoleranten Auffassungen gegenüber allzu tolerant nachzugeben, fundamentalistische Ansprüche bei Gemeindemitgliedern und religiösen Gruppen «um des lieben Friedens willen» nicht stark genug in die Schranken ihrer eigenen Partialität zu verweisen oder gar aus Angst vor Konflikten und Machtverlust mit diesen zu paktieren: Wo Menschen ihre eigenen Glaubensauffassungen zur allgemeinen Wahrheit totalisieren und Andersdenkende bzw. Andershandelnde als ungläubig diffamieren, hat das Amt die Verantwortung der Intervention, und

---

129 Vgl. O.Fuchs, Zwischen Wahrhaftigkeit und Macht.
130 Kasper, Glaube 402, vgl. 364.

zwar um der Lebensrechte derer willen, die anders denken und handeln.

Insbesondere die *Diakoniebereiche* sind so plural wie es unterschiedliche und widersprüchliche Situationen und Nöte auf der einen sowie unterschiedliche Hilfsmöglichkeiten und Solidarisierungsnotwendigkeiten auf der anderen Seite gibt. Dazu kommt, daß es die spezifische Verantwortung des diakonalen Amtes ist, benachteiligten und leidenden Menschen jene inhaltliche Kompetenz zuzuweisen und zu ermöglichen, die sie nicht haben könnten, wenn nicht das Amt seine Macht zugunsten dieser Wichtigkeit der Ohnmächtigen einsetzte. Denn über das, was in einem konkreten Fall Gerechtigkeit ist, kann man nur zusammen mit denen sprechen, die ungerecht behandelt werden (und nicht etwa über deren Köpfe hinweg).[131] Daß, wo solches zugelassen und dazu ermutigt wird, beträchtliche Turbulenzen entstehen, liegt auf der Hand.

Aber auch die *Glaubensbedürfnisse* der ChristInnen sind je nach ihrer Psyche, Biographie und nach ihren gesellschaftlichen Kontexten durchaus ebenso unterschiedlich, ja oft genau so widersprüchlich wie die biblischen Texte untereinander.[132] Daß unterschiedliche Gruppen sich gegenseitig ergänzen und austauschen, daß gegensätzliche Gruppierungen sich nicht nur aushalten, sondern sich gegenseitig als das jeweils andere ihrer Selbst in ihrem Da- und So-Sein anerkennen und schützen, liegt in der Verantwortung des Amtes.[133]

Kirchliche Einheit ist mehr als menschliche Konsensbildung, sie ist nämlich ein Glaubensartikel:[134] Wir sind eins, auch wenn wir zueinander anders und widersprüchlich (also nicht konsensfähig) sind, weil wir einen Gott haben, indem wir als seine Söhne und Töchter, als Schwestern und Brüder von vornherein (ohne unser Zutun) eins sind, und weil von daher dieser Gott uns im Reich Gottes endgültig die Erfahrung der Einheit schenken wird. Nur wer nicht an diese «eine heilige katholische Kirche» in diesem eschatologischen Sinn ihrer geschenkten Einheit in Gott glaubt, muß die Einheit

---

131 Vgl. dazu Fuchs, Heilen 197ff.; ders., Wahrhaftigkeit 184ff.
132 Vgl. Fuchs, Wahrhaftigkeit 62ff. und 118ff.
133 Vgl. dazu das neutestamentliche Beispiel des Apostelkonzils: vgl. Fuchs, aaO. 73ff.
134 Vgl. ders., aaO. 165ff.

mit Gewalt selber herstellen, sei es durch den Zwang zum Gehorsam, sei es durch den Zwang zur Meinungseinheit. Diese Freiheit der Christenmenschen gilt übrigens auch im Zusammenhang mit der diachronen Kirche, nämlich im Umgang der Lebenden mit den Zeugnissen der Vergangenheit. Gegenseitiges Ernstnehmen kann sich auch hier darin zeigen, daß für manche (oder viele) manches aus der Vergangenheit Kommende nicht (mehr) akzeptabel oder situationsbedeutsam ist.[135] Solche respektvolle Freiheit der Vergangenheit gegenüber entspricht dem respektvollen Umgang der Lebenden miteinander und umgekehrt!

4. Modelle oder Schritte für die nächste Zukunft

Visionen bleiben in der Luft hängen, wenn sie nicht produktiv mit den realen Verhältnissen in Kontakt gebracht werden. Dann allerdings muß man schrittweise denken, um in den gegebenen Möglichkeiten praktische Annäherungen an die Vision zu erreichen. In diesem Sinne seien folgende Hinweise verstanden.

Wer sich zunächst nebenberuflich (später vielleicht halb- oder hauptberuflich) in den Gemeinden als Leitende/r, Verantwortliche/r für den Gemeindeaufbau herausbildet (sei es mehr aus dem Bereich der Diakonie, sei es mehr aus dem Bereich der Martyria heraus), erhält zunächst eben dadurch bereits eine Beauftragung «von unten», von der Gemeinde selbst her.[136] Die Gemeinde nimmt ihre Kompetenz zur Selbstgestaltung auch im Bereich der Selbstbestimmung der Leitungsperson/en aus den eigenen Reihen in die Hand. Die kirchliche Leitung auf Dekanats- und/oder Diözesanebene wird solche Beauftragung in der Regel gutheißen und ihrerseits durch die Beauftragung «von oben» bestätigen, wobei die Verantwortungsbereiche, zu denen jeweils beauftragt wird, die gleichen sind. Der Bischof beauftragt zur gleichen Tätigkeit wie

---

135 Aus diesem Grund habe ich meine Reserven gegenüber dem Konsens-Begriff als Basis der kirchlichen Einheit, sowohl im diachronen wie auch im synchronen Sinn: kritisch zu Pottmeyer, Normen 143; vgl. dazu auch Fuchs, aaO. 185ff.

136 Vgl. V. Doering in einem Referat anläßlich der PGR-Vorsitzenden-Treffen in der Erzdiözese Bamberg, in: Die katholische Aktion 46 (4/1992) 292-296, 295.

die Gemeinde es getan hat bzw. tut. Ekklesiologisch signalisiert die Beauftragung durch den Bischof die notwendige Angewiesenheit der Pfarrgemeinde auf den Kontext der größeren Umgebungskirche, was ihre Selbstgestaltung in der Kooperation nach innen durch die Kooperation nach außen mit den anderen Gemeinden und der Diözesankirche ergänzt und daran anbindet.

Die Form solcher Beauftragungen kann eine doppelte sukzessive oder eine identisch-synchrone sein: Im ersten Fall folgt die bischöfliche Bestätigung und deren liturgische Feier auf die Gemeindebeauftragung, die dann bereits zum eigenen Termin stattgefunden hat. Im zweiten Fall handelt es sich um einen integrierten Bestätigungsvorgang, der in einer einzigen Feier vollzogen wird. Kommt im ersten Fall die diesbezügliche Selbstbestimmung der Gemeinde betont zum Ausdruck, so zeigt sich bei der zweiten Möglichkeit besonders die Anbindung der Gemeinde an die übergreifendere Ortskirche. Die konkrete Ausgestaltung solcher Agenden sei der Kompetenz der Liturgen/innen überlassen, allerdings mit dem Votum, mit der liturgischen Form viel Freiraum für die Einlassungen der konkreten Gemeinde bereitzustellen, so daß sie sich selbst darin vorzufinden vermag.

Inhaltlich geht es hier um eine vorsakramentale Ämterübertragung (von Gemeinde und Bischof), die parallel zu den Sakramentalien begriffen oder überhaupt als Sakramentalie eingeordnet werden könnte. Um wenigstens auf diesem Niveau jene Verbindung von Gemeindeleitung und Weihesakrament zu retten, die prinzipiell nicht aufgegeben werden kann und die auch diesen «Kompromiß» nur als ersten Schritt und als vorläufige «Lösung» auszuweisen vermag. Hier kann man sich nicht einrichten, sondern muß dessen Vorläufigkeit in Erinnerung halten und die Spannung aufrechterhalten im Hinblick auf theologisch tatsächlich befriedigende Lösungen, solche Personen auch in den Ordo (und damit in die Vollmacht zum Vorsitz der Eucharistiefeier) aufzunehmen.

Denn gerade die Feier der sonntäglichen Heiligen Messe darf den kleineren noch überschaubaren Gemeinden nicht entzogen werden. Und sie darf auch nicht auf Dauer den Personen übertragen werden, die in der konkreten Gemeinde gar nicht (mehr) die faktische Gemeindeleitung (durch Orts- und Zeitpräsenz) innehaben, weil sie in einer anderen Pfarrei zuhause sind und von dort die Anliegerpfarrei «verwesen». Dies ist keine natürliche Gemeindeleitung, die in ihren realen Lebenskontext eingebettet wäre, sondern kann nur als Verwaltung ohne ausreichenden Kontakt, sozusagen als Gemeindeleitung in Fernbedienung angesehen werden. Demgegenüber muß eine «Convivium»-Theologie (eine «Zusammenleb»-Theologie) des kirchlichen Amtes mit den betroffenen ChristInnen vertreten werden. Der Wiener Pastoraltheologe F. Klostermann hat in seinen Schriften immer wieder darauf hingewiesen, daß jede christliche Vollgemeinde mindestens einen ordinierten Amtsträger braucht, weil die Gemeinde ein «Recht auf Eucharistie» hat.[137] Von daher entspricht es einfach nicht der katholischen Tradition, über die meisten Sonntage im Jahr hinweg priesterlose Gottesdienste in den Gemeinden abzuhalten. Und es ist eine Achtlosigkeit dem Volk gegenüber, ihm Betreuungsmentalität vorzuwerfen, wenn sie die sonntägliche Eucharistiefeier einfordern. Ich frage mich, wie dies die Entscheidungsträger in den Ordinariaten verantworten können, wenn sie andererseits ökumenische Gottesdienste an einzelnen Sonntagen nicht als Erfüllung des Sonntagsgebotes anerkennen.[138]

5. Amt im «Convivium»

Hat man in den 60er Jahren insbesondere in den Städten die anwachsenden Pfarreien durch Töchterbildungen entlastet und die Vorstellung praktisch verwirklicht, daß Gemeinden überschaubare Sozialgebilde mit eigenen ordinierten Gemeindeleitern sein sollten, hat man dann noch in den 70er Jahren unter «Pfarrverband» eine Zusammenarbeit solcher Pfarrgemeinden mit ihren Priestern und Hauptamtlichen verstanden (zur gegenseitigen Ergänzung, hinsichtlich gemeinsamer Aktionen und Initiativen in zwei oder mehr Gemeinden), so versteht man seit den 80er Jahren (aufgrund

---

137 Vgl. F. Klostermann, Die pastoralen Dienste heute. Priester und Laien im pastoralen Dienst. Situation und Bewältigung, Linz 1980, 232ff, 241ff; zur diesbezüglichen Öffnung des Priesteramtes für die Frau vgl. ebd. 196.
138 Vgl. T. Maas-Ewert, Notlösungen beim Sonntagsgottesdienst dürfen nicht zur Regel werden, in: Klerusblatt 72 (12/1992) 301. Zur unveräußerlichen Verbindung von Gemeindeleitung und Sakramentalität (auch im Eucharistievorsitz) vgl. auch G. Greshake, Priestersein. Zur Theologie und Spiritualität des priesterlichen Amtes, Erweiterte Auflage, Freiburg i. B. 1991, 63-80.

der zurückgehenden Zahlen an Priestern in der Pfarreitätigkeit, verursacht durch sinkenden Nachwuchs und die Alterspyramide der im Dienst befindlichen Priester) unter Pfarrverband zunehmend Pfarreien, die deswegen «zusammengelegt» werden, weil es in der Region nur einen Priester, aber mehrere andere Hauptamtliche (Diakone, Gemeinde- und PastoralreferentInnen) gibt.

Durch die Dignität des «alten» Pfarrverbandsbegriffs, der noch die Verbindung von Pfarreien mit ordinierten Gemeindeleitern meinte, stiehlt sich die neue Pfarrverbandsbenennung (für mehrere Pfarreien mit einem einzigen Priester) eine semantische Aufwertung, die ihr nicht zukommt. Denn der betreffende Priester kann faktisch nur Gemeindeleiter in der Gemeinde sein kann, in der er lebt und in seinen Visavisbegegnungen dominant präsent ist, wo er also, beheimatet im Leben der Gemeinde, aus ihr heraus als deren vitales Mitglied seine Verantwortung ihr gegenüber wahrnimmt. «Der Amtsträger hat hier (sc. in der Feier der Eucharistie) deutlich zu machen, daß Christus der Gastgeber und Mahlherr, die Gemeinde aber die Versammlung der gerufenen Gäste ist. Dies kann allerdings richtig nur geschehen, wenn gleicherweise auch plausibel wird, daß der Repräsentant des Mahlherrn zu den Gästen und Geladenen gehört. – Weil christliche Lehre sich in christlichem Leben zeigt und bewährt, hat der kirchliche Amtsträger die Aufgabe, die Gemeinde so zu leiten, daß diese Manifestation optimal gelingt.»[139]

Indem der Priester in der Nachbargemeinde den Leitungsanspruch nurmehr formal aufrechterhalten kann, aber doch aufgrund der Ordinariatsentscheidungen beanspruchen muß, entzieht er dieser zugleich gewollt oder ungewollt das ihrige, in ihr selbst lebendige und beheimatete Leitungsamt. Entzogen wird auch die Erfahrung der Zusammengehörigkeit von *eigenen* Leitungspersonen und Eucharistiekompetenz, weil nur der «von außen» zugestellte Priester die Eucharistie feiern kann, obwohl die Gemeindeleitung faktisch in den Händen anderer liegt (Hauptamtlicher oder engagierter «Laien»). Was das für die Priester selbst bedeutet, sei hier nur angedeutet: nämlich die Reduktion ihres Dienstes auf die ihnen vorbehaltene Sakramentenspendung in immer größeren Gebieten.

139 Beinert, Autorität 58.

Die damit verbundene kommunikative Austrocknung kann nur zu persönlichen Katastrophen führen oder aber zu Verwaltungsbeamten, die sich mit ihrer Rolle abgefunden haben. Wenn Kirchengemeinden aufgebracht reagieren, weil sie keinen Pfarrer mehr bekommen, der im Pfarrhaus *ihrer* Kirche wohnt, dann muß sich darin nicht immer nur anspruchsvolles Versorgungsdenken ausdrükken, sondern möglicherweise auch der Wunsch nach einer authentischen Gemeindeleitung am Ort *und* mit der vollen Kompetenz des kirchlichen Amtes. Versorgungsdenken ist erst recht nicht im Spiel, wenn die Gemeinde selbst «bewährte» Personen zur Gemeindeleitung anbieten kann und damit beweist, daß sie die Ressourcen zum Gemeindeaufbau und zu dessen Leitung in sich selber hat.

Es mag der Einwand kommen, daß auf diesem Weg zur kirchenamtlichen Verantwortung so etwas wie «Basisprälaten» ans Ruder kommen, wenn sich strukturell und mentalitätsmäßig nicht viel in der Gemeinde geändert hat. Dagegen kann man einmal die positiven Erfahrungen ins Feld führen, die deutlich zeigen: viele Gemeinden, die auf sich selbst gestellt sind, entwickeln tatsächlich andere Formen der Gremien und bemühen sich um ein partizipatives Klima, dem ein neuer Leitungsstil entspricht. Zum anderen wird man zunehmend daran zu denken haben, daß die Gemeinden eine entsprechende Vorbereitung brauchen: durch geeignete Bildungsvorgänge in den Gremien, durch Supervisionsunterstützung, durch Beratungshilfen und mittelfristige projektbezogene Begleitprozesse. Hier lägen vielleicht neue Aufgaben der Orden und Kongregationen, zumal sie in relativer Unabhängigkeit von der Bistumsleitung Gemeindeberatung und längerfristige Begleitungen anbieten könnten.

Ein anderer Einwand befürchtet eine verstärkte Klerikalisierung der kirchlichen Gemeinden, wenn jede, auch kleinere Gemeinde eine ordinierte Leitungsperson hat. Ich denke eher, daß das Gegenteil der Fall sein wird. Je «normaler» es ist, in einer kleineren Gemeinde und Gemeinschaft ordinierte Leitungspersonen zu haben, desto mehr schwindet wohl auch die durch gesteigerte Seltenheit umso mehr provozierte Exklusivität des Weiheamtes gegenüber den alltäglichen Lebenszusammenhängen der ChristInnen. Auch hier gilt selbstverständlich die Bedingung, daß sich Gemeindestrukturen und Leitungsstile entsprechend mitverändern, insofern die ordinierten Personen im Sinn der Diakonia und Martyria mit und für die Gemeinde arbeiten und selbst in deren (nicht nur sonntäglichsakramentalen sondern) alltäglich-konkreten Lebenszusammenhang zu Hause sind.

Bei einer solchen «Vision» zukünftiger Ämterstruktur ist von vorneherein klar: Dabei geht es gerade nicht um eine neue Art von Klerikalisierung der Kirche und nun auch noch ihrer Diakoniebereiche, sondern um die zugegeben kühne Schau («Theoria») eines Ordos, der tatsächlich aus dem Wesen und Leben der Kirche herauswächst und in deren Dienst steht. Es geht um die Vision des II. Vatikanums, Sakrament und Lehre aufeinander zu beziehen und den Existenzgehalt der Sakramente sowie die sakramentalen Dimensionen der Wirklichkeit miteinander in Verbindung zu bringen, hier bezogen auf das Grundsakrament der Kirche selbst wie im besonderen auf das Sakrament des Weiheamtes.

IX
Theologische Klärungsversuche für den «Übergang»

1. Ecclesia supplet – «Ersetzt» die Kirche?

«Dès lors, ces laics sont-ils encore des laics? ... Qui sont-ils?»[140] Die konstitutive Provokation praktisch vollzogener Gemeindeleitung durch Laien besteht darin, daß solcher Vollzug die entsprechende sakramentale Bestätigung oder Identifikation an sich zieht und ziehen dürfen muß. Es ist sicher nicht abwegig, in struktureller Analogie zur Begierdetaufe von einer «Begierdeweihe» zu sprechen, was uns in einen neuen theologischen Ort versetzt, das anstehende Problem zu diskutieren. Im Horizont der Kirche als «mystischer Leib Christi», wie ihn Pius XII. am 13. April 1943 in seiner Enzyklika «Mystici corporis» entworfen hat, gelingt eine höchst aufschlußreiche Verhältnisbestimmung:

Alles, was die Gläubigen im heiligen Geist vollbringen, ist auch von Christus vollbracht. «Aufgrund derselben Mitteilung des Geistes Christi aber wird bewirkt, daß ... die Kirche zur Fülle und zur Ergänzung des Erlösers wird, Christus aber in jeder Hinsicht in der Kirche gewissermaßen seine Erfüllung findet.»[141] Die Kirche erfüllt, was Christus zu seiner vollständigen geschichtlichen Existenz «fehlt». Sie vertritt seine Person «wie ein zweiter Christus»[142]. Zugleich kann sie dies nur als der in den Gliedern der Kirche lebendige mystische

---

140 B. Sesboüé, Les animateurs pastoraux laics. Une perspective théologique, in: Etudes (1992) 253-265, 258. Nach Meinung des Autors sind die Laien als Sakramentspersonen zu identifizieren, auch wenn sie nicht ordiniert sind. Im Bußgespräch beispielsweise repräsentieren sie für die PönitentInnen in jedem Fall die Gnade Gottes, deren Wirkung man in gleicher Weise sicher sein darf wie bei der Absolution durch einen Priester (vgl. ebd. 263ff).
141 Mystici corporis, Denzinger/Schönmetzer 3813 (Zitation gemäss offizieller Uebersetzung).
142 Pius XII., ebd.

Leib Christi, in dem die erste Person Christus ihre «plenitudo» und ihr «complementum» findet.[143] Diese mystische Vereinigung Christi mit seiner Kirche ist geheimnisvoll geschenkt und damit unverfügbar. Sie darf in keiner Weise dahingehend mißverstanden werden, daß die Gläubigen «auch nur eine einzige Eigenschaft der ewigen Gottheit von ihnen als eigentümliche» aussagen könnten.[144] Zumal sich «in diesen Dingen alles ... auf Gott als die letzte Wirklichkeit bezieht.»[145]

Diese mystische Dimension der Kirche ist nicht teilbar und damit auch nicht in begrenzten Quantitäten verteilbar. Deshalb haben die beiden Akte, die nur zusammen die volle sichtbare Eingliederung in den mystischen Leib der Kirche begründen (Taufe und Glaubensbekenntnis), dennoch keinen additiven Charakter, als würden nur beide zusammen die Zugehörigkeit zu dieser Kirche begründen. Denn es gibt neben der sichtbaren *Ein*gliederung auch die sichtbare *An*gliederung an den mystischen Leib Christi, die dadurch gegeben ist, daß nur *ein* Element realisiert wird, entweder die Taufe bei Gläubigen, die dem katholischen Bekenntnis widersprechen (als Schismatiker oder Häretiker), oder das katholische Glaubensbekenntnis bei noch ausstehender Taufe (wie bei den Katechumenen). Hier konstituiert bereits *ein* Akt die mystische Angliederung an die Kirche mit der gleichen Gnadenkonsequenz, in diesem Leib der Rettung und des Heiles teilhaftig zu werden. «Wenn ... die Resultante und also die Komponenten (katholisches Bekenntnis und Taufe, O.F.) zusammen mystisch sind, wie sollten die Komponenten je für sich nicht mystisch sein ...?»[146] Und weiter: «Funktionell betrachtet können die beiden Komponenten getrennt und somit als Angliederung die gleiche wesentliche Wirkung haben, die sie bei der Eingliederung zusammen ausüben, nämlich die Aufnahme in die Gnaden- und Gloriengemeinschaft.»[147] Dies gilt für die Taufe, auch wenn das römisch-katholische Glaubensbekenntnis fehlt. Dies gilt aber auch, und das ist nun wirklich ein bedeutender Druchbruch gegenüber jedem sakramentalistischen Mißver-

---

143 Pius XII., ebd. (im lateinischen Text).
144 Pius XII., ebd. 3814.
145 Pius XII., ebd.
146 A. Mitterer, Geheimnisvoller Leib Christi nach St. Thomas und nach Pius XII., Wien 1950, 253.
147 Mitterer, ebd.

ständnis der Kirchenzugehörigkeit, ermöglicht durch die Sicht der gesamten Kirche als mystischen Leib Christi, wenn die Taufe fehlt.

Wenn Glaubensbekenntnis und Taufversprechen ohne die Taufe, «mit der Liebe verbunden sind oder sich gar zur höchsten Form des Glaubensbekenntnisses, zum Martyrium erheben, so haben sie die Gnade zur Folge (Begierd- und Bluttaufe). Nach St. Thomas müßte einer sogar lieber ohne Taufe sterben, als sich die Taufe simonistisch gegen Bezahlung spenden lassen. Es würde ihm aus der Begierdtaufe das ersetzt, was ihm in Folge Verzicht auf die sakramentale Wassertaufe fehle.»[148]

Zusammenfassend läßt sich mit A. Mitterer resümieren: «Das mystische Wesen der sichtbaren Angliederung setzt die Tatsache voraus, daß sie jeweils nur aus einer von den zweierlei Komponenten besteht, aus denen sich die Eingliederung zusammensetzt. Die eine ist eine persönliche Tat des Subjekts (opus operantis), nämlich das römisch-katholische Glaubensbekenntnis mit der Einordnung in die Kirche usw., die andere ein objektiv wirksames Sakrament (opus operatum), die Taufe. Sichtbare Angliederung ist nun entweder die erste ohne die zweite (katechumenale Gruppe) oder das zweite ohne das erste (anathematische Gruppe) ... Das mystische Wesen läßt sich nun vielleicht aus der Wirkung bestimmen und scheint darin zu bestehen, daß die sichtbare Angliederung an die Kirche unter bestimmten Bedingungen wesentlich die gleiche unsichtbare Wirkung haben könne wie die sichtbare Eingliederung, nämlich die Wirkung der Aufnahme der Menschen in die Gnaden- und Gloriengemeinschaft. Man kann daher, wenn man es richtig versteht, vielleicht sagen, die sichtbare Angliederung könne mitunter und einigermaßen die sichtbare Eingliederung in die Kirche in ihrer wesentlichen Wirkung erst setzen.»[149]

Hier liegt also so etwas wie «irgendein Ersetzen (supplere) vor», infolge dessen unter bestimmten Umständen, insbesondere in Notfällen und Notständen, die «wesentliche Wirkung der Mitgliedschaft, die Aufnahme in die Gnadengemeinschaft, gewährt und auf diese Weise wirkungsmäßig das ersetzt wird, was der Angliederung noch zur Eingliederung fehlt.»[150] Ob die Kirche oder Christus

148 Mitterer, ebd.
149 Mitterer, ebd. 254.
150 Mitterer, ebd. 255 und 256.

«wettmacht»[151], ist im Kirchenbild vom mystischen Leib Christi nicht sehr erheblich, weil beide Versionen sich letztlich auf die Herkunft von Gott beziehen.

Darf man nun in bezug auf unsere Fragestellung folgenden Analogieschluß wagen?

Wer im konkreten Glaubensprozeß des Katechumenats steht und sich prinzipiell taufen lassen will, findet sich in diesem Zustand bereits in der mystischen Zugehörigkeit zur Kirche mit der gleichen Gnadenwirkung, als wenn er getauft worden wäre und damit die ganze Eingliederung in den mystischen Leib der Kirche hätte. Und insbesondere im Notfall genügt dies und gilt dies als «ausreichend».[152]

Analog dazu:

Wer in der konkreten Praxis der Gemeindeleitung steht, ist dem mystischen Kollegium der Ordinierten und damit dem Weiheamt sichtbar angegliedert mit der gleichen Gnadenwirkung, als wenn er geweiht worden wäre und damit die ganze sichtbare Eingliederung in den mystischen Ordostand der Kirche hätte. Denn mystisch ist die Kirche in allem und in allen ihren Manifestationen, besonders augenscheinlich aber auf allen ihren sakramentalen Ebenen, wie z. B. auf dem Niveau der Taufe und auf dem Niveau der Priesterweihe. Auch im letzteren Bereich genügt dies und gilt dies als ausreichend, insbesondere im Zusammenhang mit Notständen.

Die nicht absolute, aber doch die Angemessenheit der Mittel einholende Bedingung des Notstandes ist nach meinen bisherigen Ausführungen eindeutig darin gegeben, daß überschaubare Gemeinden nicht mehr mit den Personen, die ihre Gemeinde real leiten, Eucharistie feiern können. Dies ist nicht nur ein situativ-erfahrungsmäßiger, sondern auch ein theologisch-ekklesiologischer Notstand, weil hier nicht nur etwas praktisch Notwendiges, sondern auch etwas theologisch Notwendiges ohne Verwirklichung bleibt. Ich möchte hier (noch) nicht so weit gehen, den realen GemeindeleiterInnen einfachhin die theologische Lizenz zu verschaffen und sie zu ermutigen, im Sinne des oben angedeuteten Prinzips der «ecclesia supplet» auch ohne Weihe der Eucharistie vorzustehen. Obgleich man hier sicher zu entsprechenden Ergebnissen käme, würde man

---

151 Vgl. Mitterer, ebd. 255 und 256.
152 Vgl. Mitterer, ebd. 255.

in diese Richtung theologisch weiterdenken. Das praktische Problem wäre allerdings, daß dadurch die Kluft zwischen Sakrament und Lebensvollzug des im Sakrament Gemeinten noch weiter auseinanderklaffte, als dies schon der Fall ist. Ich scheue mich also, solche Ermutigungen auf Dauer auszusprechen und möchte sie gerne an zeitlich begrenzte Notstände gebunden wissen. Allerdings steht diesbezüglich den Betroffenen in einer bestimmten Gemeindesituation die entsprechende Entscheidung selbst zu. Und wenn die Kirche durch Rigidität dauerhaft nicht fähig sein sollte, den Notsituationen durch eine beweglichere Ordinationspolitik gerecht zu werden, werden solche an sich defizitäre Dauerlösungen auch nicht zu vermeiden sein.

Versteht man die mystische Qualität der Kirche im Sinne des 1. Korintherbriefes («Ihr seid aber der Leib Christi ...!», 1 Kor 12,27) als indikativische Vorgegebenheit, die nicht durch Menschen produziert werden müßte oder könnte[153], so entläßt sie aus sich nichtsdestoweniger den Drang, dieser Vorgegebenheit entsprechende Manifestationen zu verschaffen, im praktischen Vollzug wie auch im sakramentalen Symbolbereich. Ist sich die obere Kirchenleitung diesbezüglich selbst im Weg, dann schafft sie einen Notstand, weil sie das wesentlich Gegebene nicht das praktisch Notwendige sein läßt. Sie verweigert dann dem transzendentalen Sein der Kirche im mystischen Christus ihre nötigen kategorialen Realisationen und Ausformungen. Um so mehr sind die Gläubigen dann auf die «supplementäre» Wirkung des mystischen Christus in der Kirche angewiesen, damit sie ihm so begegnen können, wie er erfahren sein will. Auf ihn werden sie sich dann in der Praxis, die sie je diesbezüglich beanspruchen, auch berufen dürfen.

Kirchenrechtlich und moraltheologisch sollte man wohl mehr über die «Epikie» nachdenken, hier bezogen auf das Recht der Gläubigen, um der Intention des «Gesetzgebers» Christi willen bestehende Gebote und Verbote zu relativieren und notfalls zu übertreten. Die Epikie soll «die Rechtsgesinnung des Menschen wirklich innerlich frei machen, sodaß er ohne schwächliches Schielen nach den Krücken des positiven Gesetzes und ohne egoistisches Pochen auf eigenes formelles Recht das tut, was die Sache fordert, sodaß er nicht einen Instrumentalwert – denn einen solchen stellt

---

153 Vgl. Ratzinger, Zur Gemeinschaft gerufen 30-37.

das positive Gesetz dar –, sondern den eigentlich bedeutsamen Grundwert der sozialen Ordnung und des Gemeinwohls zum Motiv seines sozialen Verhaltens macht.»[154]

2. Zwischenzeitliche Modelle

Von daher ist es nicht nur praktisch notwendig, sondern auch theologisch möglich und nötig, daß *Übergangsmodelle* erarbeitet und verwirklicht werden, in denen Laien die gemeindeleitende Verantwortung übernehmen:

1. Frauen und/oder Männer aus den (besonders kleineren) Gemeinden selbst, die sich entsprechend profilieren und vom Bischof den neben- oder hauptamtlichen (viertel- bis ganztägigen) Auftrag zu dieser Aufgabe erhalten.

2. Frauen und/oder Männer, die das berufsausbildende Studium der GemeindeassistentInnen und -referentInnen absolviert haben und als solche in der Gemeinde arbeiten (werden).

3. Frauen und/oder Männer, die als ReligionslehrerInnen für die verschiedenen Schultypen ausgebildet wurden und teilweise oder ganz gemeindeleitende Aufgaben übernehmen. Hier ist auch an Frauen und Männer zu denken, die im Bildungsbereich (Erwachsenenbildung usw.) tätig sind.

4. Frauen und/oder Männer, die Theologie studiert haben und als PastoralassistentInnen bzw. -referentInnen in der Gemeinde arbeiten (werden).

5. Frauen und/oder Männer, die im weiteren Sinn in einem sozialen Bereich tätig sind (also auf dem Feld der Diakonie, z. B. im Caritasverband) und aus diesem Bereich herkommend neben- oder hauptamtlich gemeindeleitende Verantwortung übernehmen (SozialarbeiterInnen, JugendpflegerInnen usw.).

6. Obwohl es sich eigentlich nicht um Laien handelt und obgleich die Frauen noch ausgeschlossen sind, ist auch an Diakone zu denken, wenn man auch bei dieser Personengruppe nicht die Vorläufigkeit vergißt, sowohl was die Zulassungsbeschränkungen wie auch

---

154 R. Egenter, Über die Bedeutung der Epikie im sittlichen Leben, in: Philosophisches Jahrbuch 53 (1940) 115-127, 127; vgl. zur Epikie die Monographie von G. Virt, Epikie - Verantwortlicher Umgang mit Normen. Eine historisch-systematische Untersuchung, Mainz 1983, bes. 245-277.

die fehlende Eucharistiekompetenz betrifft. Eine Dauerlösung können sie in ihrer jetzigen Form nicht bieten.

7. Schließlich kann es sich jeweils auch um ein Team von GemeindeleiterInnen mit unterschiedlicher Neben- bzw. Hauptamtlichkeit aus den unterschiedlichen (oben sicher nicht erschöpfend angedeuteten) Bereichen handeln, wobei aber klar sein sollte, daß nicht das «Kollektiv» des Teams erst die Gemeindeleitung ausmacht (weil einer/e allein eben aufgrund der fehlenden Weihe angeblich nicht ausreicht, so daß erst ein Kollektiv von solchen leitenden «Mängelwesen» die eigentliche Gemeindeleitung ausmacht, nach dem Motto, das Kollektiv als solches «supplementiert»), sondern es handelt sich um gleichberechtigte GemeindeleiterInnen, die mit unterschiedlichen Kompetenzen und Aufgaben die Gemeinde leiten. Nicht aber das Kollektivistische der Gemeindeleitung macht letztere aus, sondern die Personen, die prinzipiell auch allein eine Gemeinde leiten könnten.

Ich plädiere nun dafür, daß – für welches Modell auch immer man sich entschließt – die betreffenden Personen die Gemeindeleitung de facto inne haben, und zwar ganz. Durchaus analog zu der ganzen Praxis des Glaubensbekenntnisses bei der sichtbaren Angliederung an die Kirche ohne die Taufe. Hier käme man auch nicht auf die Idee, die Gläubigen nur halb oder dreiviertel das Glaubensbekenntnis glauben zu lassen, damit sie kein «Anrecht» auf die Taufe bekämen. Erst wenn die Praxis der Gemeindeleitung ganz mit allen (auch juristischen) Rechten und Pflichten von den Laien übernommen wird, entläßt sie aus sich heraus den bleibenden und gesteigerten Drang zum Sakrament der Gemeindeleitung, zum Ordo. Und erst dann handelt es sich um eine Vorstufe zum Ordo, der die faktische Gnadenwirkung der Ordostufe soweit wie möglich zur sichtbaren Entfaltung bringt, jedenfalls bis hin zur unrechtmäßig verweigerten Weihekompetenz. Solange letztere nicht gewährt wird, liegt die Wunde des Mangelzustandes offen dar. Sie zeigt sich als solche. Bedingung dafür ist allerdings, daß die angedeutete notwendige Dynamik von der faktischen Gemeindeleitung zur Ordointegration auch im Bewußtsein der Beteiligten nicht nur wach bleibt, sondern anwächst: Die Gemeindeleitung muß mit dem Vorsitz in der Eucharistiefeier der jeweiligen Gemeinde gekoppelt sein!

Die Konsequenzen dieser Überlegung sind vielfältig:

a) Es geht dann nicht mehr an, daß außerhalb der Gemeinde

121

lebende Priester mehr oder weniger formal die «eigentliche» Gemeindeleitung innehaben, «nur» weil sie zur Eucharistiefeier einreisen. Sie stehen zwar der Eucharistiefeier vor, nicht aber der Gemeinde. Deshalb tun sie, was sie tun, im Auftrag der Gemeinde als der örtlichen Repräsentanz des mystischen Leibes Christi und stellvertretend für die faktische Gemeindeleitung. Dies darf nicht einfachhin als eine Beauftragung «von unten» für die betreffenden Priester angesehen werden, sondern ist mehr, nämlich der Dienst der Priester an Christus, wie er sich in diesem mystischen Gemeindeleib zeigt. Weil es aufgrund der verkehrten Ämterverhältnisse nicht anders geht, müssen «auswärtige» Priester zur Eucharistiefeier (auch zum Bußsakrament im engeren Sinne der Beichte) eingeladen werden. Sie substituieren den sakramentalen Mangel, der den faktischen GemeindeleiterInnen gezwungenermaßen anhaftet. Darin zeigt sich ein durchaus notwendiger Aushilfsdienst der Priester ohne jegliche Macht, denn er ist nur in seiner sakramentalen Qualität gefragt (denn nur diese «fehlt»), also ohne Mitspracherecht in der Gemeindeleitung selbst. Der eingeladene auswärtige Priester hat Gaststatus, was nicht ausschließt, sondern um so mehr ermöglicht, das, was die Gäste von außen her kommend sehen und sagen, für die eigene Gemeinde und Gemeindeleitung sehr ernst zu nehmen und sich damit auseinanderzusetzen. Denn immerhin repräsentieren sie als Amtsträger Christus auch gegenüber der Gemeinde, in die hinein sie eingeladen wurden, hier allerdings nicht in der Kategorie der Gemeindeleitung, sondern in der Kategorie der prophetischen Verkündigung, der sich Gemeinde und Gemeindeleitung nicht deswegen auszusetzen haben, weil hier ein Gemeindeleiter spricht, sondern weil hier eine inhaltliche Kompetenz zum Vorschein kommt.

b) Von daher hat die Gemeindeleitung das Recht, bestimmte Priester in ihre Gemeinde einzuladen, um stellvertretend für sie selbst der Eucharistiefeier vorzustehen. Diese Priester kommen dann nicht nur aus Nachbargemeinden, sondern auch aus Ordenshäusern, auch in längeren Turnuszeiten von weiter her. Es werden sich dann bestimmte Einladekonstellationen ergeben, die zugleich ganz bestimmte dauerhaftere Beziehungsverhältnisse aufbauen. Die Gemeindeleitung wird auch die Modifikationen bestimmen, in denen die Priester an den Belangen der Gemeinde teilhaben dürfen oder sollen (z. B. in der inhaltlichen Gestaltung der Gottesdienste). Die Autorität der Gemeindeleitung wird sich auch in der

Liturgie selbst zeigen, insofern z. B. gemeindebezogene Ansagen und Belange auch von den faktischen GemeindeleiterInnen übernommen und vertreten werden. In die Gemeindeleitung im engeren Sinne wird man sich von diesen Priestern nicht hineinreden lassen, was zugleich die gesteigerte Möglichkeit schenkt, gerade die Priester einzuladen, die mit aller Heftigkeit die entscheidenden Provokationen des Evangeliums auszusprechen wagen. Der Priester ist also nicht nur als sakramentaler Funktionär gefragt, sondern auch in seinem persönlichen Verkündigungscharisma wie auch in seiner amtlichen Verkündigungsverantwortung, nicht aber als Gemeindeleiter. Das ist im Grunde nichts Neues: Wenn ich beispielsweise als Priester an der Universität in einer Gemeinde «aushelfe», bilde ich mir nicht ein, daß ich dadurch gemeindeleitende Funktionen übernehmen könnte. Die Predigt, die ich halte, befindet sich im Bereich der amtlichen Verkündigung, ist aber getrennt von der Machtbefugnis zur Gemeindeleitung. Lehr- und Hirtenamt müssen nicht in Personalunion vorkommen, sondern können diesbezüglich durchaus getrennt sein.

c) Für die anvisierte Übergangsperiode *müssen alle Möglichkeiten des bestehenden Kirchenrechtes* im Bereich der Sakramentenverwaltung und der Verkündigung ausgenutzt werden. Dies bezieht sich auf die Taufspendung, auf die Assistenz bei der Eheschließung, auf die Spendung von Sakramentalien und insbesondere auf die allgemeine Predigterlaubnis.[155] Wichtig ist auch, daß die Dienst- und Fachaufsicht gegenüber solchen Übergangsgemeindeleitungen in der gleichen Struktur geregelt wird wie gegenüber Priestern in der Gemeindeleitung, also nicht von einer benachbarten Pfarrei her, sondern vom Dekanat und/oder Ordinariat. Auch nach innen gelten die gleichen Rechte, wie sie Priester hätten: Der/die GemeindeleiterIn ist ein geborenes Mitglied der Kirchenverwaltung wie auch des Pfarrgemeinderates. Daß letzterer nach dem CIC nur beratende Funktion hat, kann günstigerweise von Laien in der Gemeindeleitung nicht sehr ernst genommen werden.

d) Auf Dauer ist ein solcher Übergangszustand allerdings nicht zu vertreten. Er ist und bleibt ein *Provisorium*, dessen innere Dynamik zu einer befriedigenden ämtertheologischen Regelung sichtbar bleiben muß. Selbst bei bestem Willen aller Beteiligten kann

---

155 Vgl. CIC, Can 230 III bzw. 861 II; Can 1112; Can 1168; Can 766.

weder der Gemeindeleitung auf Dauer zugemutet werden, auf die sakramentale Identifikation ihrer Praxis und damit auf die Reintegration von Vollzug und Sakrament zu verzichten; noch kann den Priestern zugemutet werden (meist zusätzlich zu ihrer eigenen Gemeindeleitung oder zu anderen hauptamtlich erfüllenden Aufgaben), auf Dauer die oben beschriebene sakramentale Stellvertretung zu übernehmen. Sie als Priester werden sonst allzu leicht zu einem kategorialen «Dienst» (der doch als den Laien vorbehalten gilt) besonderer Art gezwungen, nämlich zur Sakramentenspendung: ein auf Dauer sich für die Priester selbst destruktiv auswirkendes «Auswahlpriestertum». Wenn die oberen Kirchenleitungen hier nicht nach einer gewissen Zeit für entsprechende Abhilfe in den Zulassungsbestimmungen sorgen, wird es auf Dauer nicht zu verhindern sein, daß die faktischen GemeindeleiterInnen selbst ohne Weihe der Eucharistie vorstehen. Aus der faktischen Vorstufe zum Ordo erwächst ihnen dann mit Sicherheit jene «Ordination» durch den mystischen Christus in der Kirche, der die Vorstufe mit den Gnadenmitteln ausstattet, wie die Stufe selbst sie bewirkt: «ecclesia supplet»!

Um nicht mißverstanden zu werden: Ich rufe hier nicht zum kirchlichen Ungehorsam auf, sondern eher dazu, soweit wie möglich im Rahmen des gegenwärtig Zugelassenen das dann allerdings Äußerste zu tun. Zugleich aber möchte ich genauso deutlich darauf hinweisen, daß eine solche Praxis ihre Dynamik in sich selber hat und daß sich kirchliche Obrigkeit durchaus von einer solchen Dynamik weghäretisieren kann. Im Brief der brasilianischen Basisgemeinden vom 12. September 1992 anläßlich ihres Treffens in Santa Maria ergreifen die Frauen selbst das Wort: «Wir wollen in den kirchlichen Dienstämtern, die wir bereits ausüben, auch anerkannt werden. Unser Bemühen wird noch mehr dahin gehen, uns nicht nur in Versammlungen und an Vortragspulten zu behaupten. Wir wollen auch unseren Platz an den Altären und auf den Kanzeln. Im Tun werden wir es lernen. Was nicht offiziell erlaubt ist, wird durch die Praxis offiziell werden.»

E. Schillebeeckx meint diesbezüglich: «Vor dem Hintergrund der geltenden Kirchenordnung werden neue, vielleicht dringend notwendige alternative Möglichkeiten meistens nur durch Vermittlung dessen sichtbar, was man vorläufig als ‹Illegalität› bezeichnen muß... Daraus geht hervor, daß es, kirchengeschichtlich, auch einen Weg gibt, auf dem Christen von unten her ... eine kirchliche Praxis ent-

wickeln können, die vorläufig in Konkurrenz zu der offiziell geltenden kirchlichen Praxis tritt, die aber in ihrer christlichen Alternative dann doch die herrschende Praxis der Kirche werden kann
und schließlich von der offiziellen Kirche sogar sanktioniert wird...
So war es immer!»[156]

In der Regel sollten bereits hauptamtlich angestellte Laien mit
der Gemeindeleitung beauftragt werden, um die vorhandenen
Ressourcen an theologischer bzw. diakonischer Ausbildung und
Erfahrung zu nutzen. Dies schließt nicht aus, daß sich auch neben-
amtliche GemeindeleiterInnen aus der Gemeinde selbst hervortun,
und daß z. B. hauptamtliche PastoralreferentInnen sich eher bei
ihrem theologischen Verkündigungscharisma, oder daß z. B. SozialarbeiterInnen eher in ihrer diakonischen Arbeit bleiben wollen, anstatt gemeindeleitende Verantwortung zu übernehmen. Zu
welchem Grad dann der bzw. die GemeindeleiterIn in eine kirchliche (dann wohl teilzeitliche) Hauptamtlichkeit übernommen wird,
muß jeweils vor Ort geklärt werden.

Zu vermeiden sind von daher auch Pastoralteams, die für mehrere Pfarreien die gemeindeleitende Verantwortung übernehmen.
Solche überdachende Leitungsstrukturen verschleiern die Probleme
und suggerieren eine übergreifende Lösung, die bei genauem Hinsehen keine mehr ist. Denn der meist einzige Priester des Teams
bleibt doch für alle Gemeinden sakramental zuständig und die
kategoriale Pastoral (je nach Schwerpunkten der Teamangehöri-
gen) teilt die Gemeinden derart in tomographische Schichten, daß
eine Person nicht mehr die lokale Gemeinde führt, sondern die
jeweilige kategoriale Schicht quer durch die Pfarreien hindurch
(etwa hinsichtlich der Jugendarbeit, der Altenarbeit, der Bildungs-
tätigkeit usw.) – eine verhängnisvolle Verdoppelung der ohnehin
problematischen Zielgruppenpastoral, nun nicht mehr nur in der
Gemeinde, sondern quer durch die Gemeinden hindurch. Was das
lokale Grundprinzip der Gemeindebildung rettet, nämlich daß
unterschiedliche Personengruppen miteinander zu tun haben (Ge-
sunde und Kranke, Alte und Junge usw.), weil sie «zufällig» dort
wohnen, geht dadurch verloren. Kategoriale Seelsorge kann die
Pfarreienpastoral mit ihrer entsprechenden Gemeindeleitung nicht
ersetzen, sondern ist nur dann sinnvoll, wenn sie sie ergänzt und
als die lebendige Alltagsbasis ihrer selbst voraussetzen kann.

156 Schillebeeckx, Identität 305-306.

3. Kirchenrechtliche Überlegungen

Nun ist «ecclesia supplet» nicht nur ein wichtiger Topos für eine pneumatisch und christologisch verstandene Ekklesiologie, sondern auch ein Rechtsbegriff.[157] «Das Gesetz ersetzt unter bestimmten Voraussetzungen die nicht vorhandene Leitungsvollmacht mit der Wirkung, daß der so gesetzte Rechtsakt dennoch gültig ist.»[158] In der Beichte, die im Kern als rechtlicher Vorgang priesterlicher Lossprechung aufgefaßt wird, ersetzt die Kirche eine fehlende Beichtvollmacht, wenn die PönitentInnen in gutem Glauben sind. Beim «allgemeinen Irrtum» (error communis) ersetzt die Kirche sogar die fehlende Ordinationsvollmacht des Spenders: «Der Tatbestand des allgemeinen Irrtums ist verwirklicht, wenn der den Jurisdiktionsakt Setzende dort, wo er tätig wird, ‹allgemein›, d.h. von der betreffenden kirchlichen Gemeinschaft als solcher oder wenigstens vom größten Teil derselben (z. B. den Bewohnern einer Pfarre) irrtümlich als im Besitz der Vollmacht stehend angesehen wird.»[159]

Da normalerweise das Bußsakrament erst wirksam wird, wenn die rechtliche Voraussetzung gegeben ist, «ersetzt» die Kirche diese dem Sakrament inhärente Bedingung. Ob sie dies durch eine «gesetzliche Übertragung von Jurisdiktionsgewalt» oder durch eine «Heilung ungültiger Akte» vermag, dürfte sekundär sein. In beiden Fällen ist es die Kirche, die ersetzt, sei es in einer vorgängig generellen gesetzlichen Regelung, sei es in einem punktuellen Akt. Die Supplierung bezieht sich auf eine Bedingung, die nicht von außen her das Zustandekommen des Beichtsakraments bedingt, sondern einen Vorgang seines innersten Vollzugs (als richterliche Entscheidung) qualifiziert. Es geht also auch hier nicht um die Glaubens- und Bußeinstellung der Beichtenden; der Mangel liegt im Vollzug der sakramentalen Zeichenhandlung selbst. Auch hier wird eigentlich ein nicht zustandegekommenes Sakrament durch die Kirche ersetzt. Die Intention dieser Supplierung ist die prinzipielle Zielsetzung des kirchlichen Handelns für das spirituelle

---

157 Vgl. H. Hermann, Ecclesia supplet. Das Rechtsinstitut der kirchlichen Suppletion nach c. 209 CIC, Amsterdam 1968.
158 H. Pree, Die Ausübung der Leitungsvollmacht, in: J. Listl/H. Müller/H. Schmitz (Hrsg.), Handbuch des katholischen Kirchenrechts, Regensburg 1983, 131-141, 140.
159 Pree, ebd. 140.

Wohl, für das Gemeinwohl und für die Rechtssicherheit.[160] Dieses Handeln soll in seiner Wirksamkeit ankommen, auch wenn es als solches defekt ist oder sich selbst im Wege steht. Als kontextuelle Rahmenbedingung gilt jeweils der Irrtum bzw. der gute Glaube oder/und der Anschein, der erweckt wird. Dieser Rahmen wird aber nicht gesprengt, wenn sich positive begründete Zweifel über das Vorliegen der erforderlichen Leitungsgewalt einstellen.[161] Damit fällt eigentlich nur die sichere Kenntnis, daß keine Leitungsgewalt vorliegt, aus diesem Rahmen heraus. Hinsichtlich unseres Themas kann von einer solchen Sicherheit aus den oben genannten ekklesiologischen Gründen nicht die Rede sein. Denn es ist einfach nicht von der Hand zu weisen, daß die Kirche in Notsituationen als Vollmacht «ersetzt», wenn der Vollzug vorhanden ist, aber das Sakrament selbst fehlt. In diesem guten Glauben darf die Gemeinde sein. Noch mehr: Dies gilt auch und gerade, wenn sie sich dabei (z. B. in der Definition der Notsituation) irren sollte. Denn ein solcher Irrtum konstituiert ja gerade den error communis als Bedingung der Gültigkeit des gesetzten Aktes.

Dies alles dürfte um so mehr zutreffen, als man den Irrtum wohl auf der Seite zu suchen hat, die die Zulassungsbedingungen zum kirchlichen Amt derart reguliert, daß solche Notstände entstehen. Irrtümlich wird den Menschen die Ordination vorenthalten, die ihnen zusteht. Irrtümlicherweise werden Priester zu Leitungsaufgaben in Pfarreien beauftragt, denen sie gar nicht im Lebensvollzug vorstehen können. Aus dogmatischen Gründen, nämlich aus der Perspektive der notwendigen Verbindung von Sakrament und Vollzug, ist dies nicht zulässig. Gibt es in der Kirchengeschichte unzählige Fälle, wo sich *nachträglich* Regelungen «von oben» als Fehlentscheidungen und Engstirnigkeiten herausstellen, so gibt es wohl neben dieser diachron-vertikalen Richtung in die Vergangenheit hinein auch etwas Ähnliches in die synchrone horizontale Linie der Gegenwart: Nämlich daß es Bewegungen in der Kirche gibt (durchaus getragen von Laien, Priestern und Bischöfen), die *vorträglich* in ihrem Gewissen und ihrer theologischen Einschätzung zu wissen glauben, daß es eine Fehlentscheidung wäre, die diesbezüglichen Verhältnisse zu belassen, wie sie sind.

---

160 Vgl. Pree, ebd. 140.
161 Vgl. Pree, ebd. 140.

Ist dies nicht wirklich eine Situation, in der «das ethische Konfliktlösungspotential, das in der klassischen Epikielehre möglicherweise noch beschlossen liegt, in die Diskussion zu bringen» ist?[162] Wenn es das mit dem fortlebenden Christus in der Kirche konstituierte «Urgesetz» der Kirche ist, daß die «sacra potestas» eine erfahrbare heilsökonomische Zielsetzung hat, dann darf ein diese Erfahrung blockierendes Gesetz der Kirche nachzubessern sein. Und wer sich hinsichtlich einer Generalisierung von Notständen ängstigt, sollte bedenken, daß dies wohl letztlich die richtige Antwort auf einen hausgemachten generalisierten Notstand ist.

Selbst das Kirchenrecht spricht vom «Ersatzpfarrer», wenn ein Pfarrer die Leitung der Pastoral in einer Pfarrei übernehmen sollte, wo z. B. PastoralassistentInnen die Pastoral ausüben.[163] Wo ein Notstand (Priestermangel) durch eine Verdoppelung (nicht etwa Beseitigung) des Notstandes (durch zunehmend hoffnungslos überlastete Ersatzpriester bei vorhandenen anderen personalen Ressourcen) verewigt wird, dürfen wohl Alternativen überlegt und praktiziert werden, die den Notstand nicht nur verwalten, sondern konstruktiv angehen. Denn eher als die ordentliche Leitungsgewalt auf einen außenstehenden Priester stellvertretend übertragen wird, fällt diese Stellvertretung auf die Gemeinde selbst als ihr eigenes Recht zurück: nämlich stellvertretend für diejenigen, die der Gemeinde eine ordinierte Leitungsperson vorenthalten, deren Verantwortung (die sie ja nicht hinreichend wahrnehmen) selbst in die Hand zu nehmen.[164]

4. Ein Parallelfall: Laien als kirchliche Richter?

Man könnte natürlich auch an eine Partizipation der Laien an der «sacra potestas», an der geistlichen Vollmacht des Weihe- und Leitungsamtes der Ordinierten denken und solche Überlegungen

---

162 Virt, Epikie 260; zum Verständnis der Epikie bei Thomas von Aquin vgl. ebd. 124-141.
163 Vgl. H. Heinemann, in: J. Listl u.a. (Hrsg.), Handbuch des katholischen Kirchenrechts, 397.
164 Zum Begriff der Stellvertretung (daß jemand im Namen eines anderen handelt) vgl. Pree, Ausübung 133.

für unsere Frage nach dem Stand gemeindeleitender Laien bemühen. Diese Teilhabe wäre allerdings nicht mit dem Anliegen des II. Vatikanums zu verwechseln, daß alle ChristInnen kraft Taufe und Firmung am Hirten- und Lehramt Christi und damit am kirchlichen Heilsdienst teilhaben. Auch wenn es eigenartig klingt, daß Laien eher am Heilsdienst Christi als am Heilsdienst der Ordinierten partizipieren, darf wohl festgehalten werden: Die Teilhabe der Laien an den Ämtern Christi ist genau jener Zielpunkt, wofür sich das kirchliche Weiheamt in einer besonderen Weise zu verausgaben hat. Das Weiheamt hat in dieser spezifischen Form an Christi Ämtern Anteil. Man würde dieses Proprium auflösen, wollte man es nicht vom Anteil aller ChristInnen an Christi Ämtern differenzieren. Dahinter steht keine gestufte Wertaussage. Das Weiheamt hat also keinen Selbstzweck, ist auch nicht «über» der Würde der ChristInnen, sondern übernimmt «in» der Gesamtidentität der Kirche (nämlich Christi Dienste in der Welt zu repräsentieren) eine besondere Verantwortung dafür, daß das Volk den Heilsdienst an sich selbst, in der Kirche und in der Gesellschaft ausüben kann. Das theologische Verhältnis zwischen Amt und Volk ist demnach das des ermöglichenden Indikativs, durchaus maßnehmend am christlichen Bild von Gott, der zuerst gibt und die Menschen dazu ermutigt, im Geschenk seiner Liebe die entsprechenden Lebensgestaltungen zu entfalten.[165]

Man wird der Tradition der katholischen Kirche wohl am besten dadurch gerecht, daß man am Weiheamt der Ordinierten und an der Bindung der Leitungsvollmacht an dieses Weiheamt festhält. Wo beides auseinandergerissen wird, kann man «unschwer erkennen, daß dies nicht nur eine Denaturierung der geistlichen Vollmacht bedeutet, sondern zugleich eine Aufspaltung der Kirche in ihrem inneren Wesen. Die Kirche erscheint so einerseits als eine Gemeinschaft heiliger Handlungen mit dazu befähigten Organen, andererseits unabhängig davon als eine gesellschaftliche Größe, die der Ordnung bedarf, für deren Regierung ebenfalls eigene Organe bestellt sind.»[166] Jede innerkirchliche Leitung hat

---

165 Vgl. dazu auch K. Lüdicke, Laien als kirchliche Richter. Über den Inhalt des kirchlichen Priesteramtes, in: Österreichisches Archiv für Kirchenrecht 28 (1977) 332-352, 348 (Anm. 42).
166 W. Aymans, Laien als kirchliche Richter? Erwägungen über die Vollmacht

demgegenüber nicht nur soziologische, sondern immer auch eine spezifisch ekklesiologische Qualität. «Die Weihegewalt ist die der einzelnen Person unwiderruflich erteilte Vollmacht, die Heilszusage Gottes im sakramentalen Geschehen zu verwirklichen. Die Hirtengewalt ist das ordnende Element, das die Ausübung der Weihegewalt zum Nutzen des Gesamtorganismus strukturiert.»[167] K. Mörsdorf spricht diesbezüglich einerseits vom «Prinzip des Lebens», andererseits vom «Prinzip der Ordnung».[168] Ein solches Amt, das für beide Prinzipien Sorge trägt und damit die Leitung mit dem Lebensvollzug verbindet, darf gerade zugunsten des Heilsdienstes des Volkes Gottes nicht aufgegeben werden. Das Amt soll sich nicht selbst abschaffen, sondern eine neue Gestaltung gewinnen.

In den 70er Jahren gab es einen kirchenrechtlichen Disput über die Frage, ob *Laien* als *kirchliche Richter* eingesetzt werden können. Anhand dieser Problemstellung kann auch manches für unser Anliegen präzisiert werden. Wegen des empfindlichen Mangels an Klerikern für die Besetzung der Ehegerichte erließ Paul VI. im Jahr 1971 ein Motuproprio, dem zufolge «in begrenztem Rahmen auch Laien als erkennende Richter Mitglieder kirchlicher Kollegialgerichte werden können»[169]. Danach erhält die Bischofskonferenz die Vollmacht, «in erster und zweiter Instanz die Bildung eines Kollegiums aus zwei Geistlichen und einem Mann aus dem Laienstand zu erlauben»[170]. Der Bonner Kirchenrechtler W. Aymans vertrat damals die Auffassung, daß ein solches Richteramt zur geistlichen Vollmacht gehört und deshalb nur Klerikern vorbehalten sei.[171] Aymans setzt sich auch mit einer – wie er sagt –

zu geistlicher Rechtsprechung, in: Archiv für katholisches Kirchenrecht 144 (1975) 3-20, 9.

167 Lüdicke, Laien 338.
168 K. Mörsdorf, Weihegewalt und Hirtengewalt in Abgrenzung und Bezug, in: Miscelanea Comillas XVI, Santander 1951, 91-110, 109.
169 Aymans, Laien 4.
170 Aymans, ebd. 5.
171 Vgl. Aymans, ebd. 10: Für das Kirchenrecht «ist es eine Selbstverständlichkeit, daß die kirchlichen Ehegerichte mit hoheitlicher Gewalt tätig werden und daß alle Richter hierfür mit geistlicher Vollmacht ausgerüstet werden müssen. Dadurch sind Laien vom kirchlichen Richteramt nach kodikarischem Recht prinzipiell ausgeschloßen.» In seinem Gegenaufsatz kritisiert Lüdicke, daß Aymans den Begriff den sacra potestas wohl zu eng sehe: Das Kon-

«falschen Kollegiatstheorie» auseinander, derzufolge das Ehegericht als Kollektiv auch dann noch geistlichen Charakter hat, wenn weniger als die Hälfte seiner Mitglieder Laien sind.[172] Ähnliche Überlegungen gibt es auch heutzutage hinsichtlich pastoraler Teams, die für mehrere Pfarreien zuständig sind. Allerdings mit dem Unterschied, daß sich die Geistlichen dabei in der Minderheit befinden (die zunehmend auf einen einzigen Geistlichen zusammenschrumpft). Ich pflichte der Kritik Aymans' an diesem Modell bei. Gleichgültig, wie man die quantitative Proportion bemißt, in keinem Fall gibt es so etwas wie eine kollektivistische Übertragung der geistlichen Vollmacht eines oder mehrerer Geistlichen auf die Laien im Kollegium. «Wer das Recht hat, an der Beschlußfassung durch Stimmabgabe gestalterisch mitzuwirken, der hat Anteil an der Kompetenz, die dem Kollegium als solchem zusteht... Ein Kollegium, das als solches aus geistlicher Vollmacht handelt, vermag dies nur, weil und insofern seine Mitglieder Träger geistlicher Vollmacht sind.»[173] Wenn Pastoralteams aufgrund eines Priesteranteils kollektive Leitungsvollmacht zuphantasiert wird, wird das Problem eher verschleiert als gelöst. Denn im sakramentalen Bereich trägt dennoch der Priester die Hauptlast, während ihm für die mit den Sakramenten verbundene Erfahrungswirklichkeit und Pastoral wenig Raum bleibt. Auch die quer durch die Pfarreien laufenden Schwerpunkte der pastoralen MitarbeiterInnen können nicht aufgegeben werden, weil es ja jede Teamarbeit ausmacht, die Aufgaben entsprechend der Begabungen und Ausbildungen aufzuteilen. Wo dann noch Personen übrigbleiben, die als GemeindeleiterInnen in den Einzelpfarreien erlebt werden können, bleibt ein Rätsel. Pfarreien übergreifende Pastoralteams sind aus dieser Perspektive durchwegs problematisch.

Solche Bedenken gelten selbstverständlich ganz und gar nicht für pastorale Teams in einer einzelnen Pfarrgemeinde, auch nicht für übergreifende Pastoralteams, wenn die einzelnen Pfarreien

zil würde diesen Begriff keineswegs nur den geweihten Amtsträgern zuordnen: vgl. Lüdicke, Laien 350 (Anm. 47). Lüdicke selber allerdings bemüht diesen Hinweis selbst nicht für seine eigene Argumentation.

172 Vgl. Aymans, Laien 16ff.
173 Aymans, ebd. 17.

GemeindeleiterInnen haben. Ursprünglich wurde das pastorale Team an der territorialen Größe der Pfarrei entwickelt, um darin die entsprechenden Aufgaben qualifizierter zu verteilen, und zwar ohne eine ordinierte Person kollektivistisch zu ersetzen, sondern um mit ihr in je verschiedener Weise für den Gemeindeaufbau Sorge zu tragen.

Aymans gelangt nun zu einer anderen Lösung: Ein Kollegium aus Laien sollte die prozessuale Untersuchung durchführen, am Ende aber nicht mit einem Urteil, sondern mit einem Votum abschließen. Das Urteil selbst sollte dann einem priesterlichen Richter überlassen bleiben.[174] Leider bemerkt er nicht, daß er mit diesem Vorschlag genau das Prinzip durchkreuzt, das er vorher bezüglich des Verhältnisses von Weihe- und Hirtengewalt so betont hat, nämlich die Verbindung von Vollmacht und Vollzug.

Die Parallelität dieses Lösungsvorschlags mit der Strategie, Pfarrern über Gemeinden das Leitungsrecht zu überantworten, in denen sie gar nicht kontextuelle Leitung ausüben können, liegt auf der Hand. K. Lüdicke kritisiert denn auch Aymans an dieser Stelle ziemlich heftig: «Ein Bischof oder Offizial fällte Urteile, die er nicht erarbeitet hat. Es ist ganz unmöglich zu vermeiden, daß der Offizial für die Kollegen blanko unterschreibt. ... Urteile durch einen ‹Träger geistlicher Vollmacht›, der nur noch unterschreibt, sind nicht erstrebenswert. Die Beteiligung des Priesters wäre dann nur noch formal. Der Inhalt der Rechtsprechung dann ganz in der Hand von Laien. ... Ein Versuch würde vermutlich zeigen, daß dann nicht nur – wie schon derzeit – keine Kleriker, sondern auch keine Laien für die kirchliche Rechtsprechung zu gewinnen sind.»[175] Auch die letztere Bemerkung läßt sich mit einem gegenwärtigen Trend parallelisieren: nämlich mit der Erfahrung, daß zunehmend PastoralassistentInnen nach mehreren Jahren Dienstzeit in andere Bereiche gehen, wo ihre Entscheidungskompetenz auch an ihre Qualifikation und Tätigkeit heranreicht.

Lüdicke geht seinerseits einen anderen Weg. Er stellt die Frage, ob denn die Ausübung des kirchlichen Richteramtes überhaupt die Weihevollmacht voraussetze.[176] In der Unterscheidung zwischen

---

174 Vgl. Aymans, Laien 20.
175 Lüdicke, Laien 335 Anm. 9.
176 Vgl. Lüdicke, ebd. 337.

Verwaltungsgewalt und Rechtsprechungsgewalt sieht er in der ersteren bedeutend mehr Freiraum als in der letzteren. In seiner pastoralen Administration wendet ein Pfarrer nicht nur die Gesetze der Kirche an, sondern schafft neue Rechtspositionen durch konkrete Regelungen im Einzelfall. «Das Gesetz, das immer allgemein regelt, ... kann nicht jedes Rechtsproblem im Einzelfall befriedigend vorhersehen und lösen. Es bedarf der Rechtssetzung im konkreten Fall, der Rechtsgestaltung durch die Verwaltung ...»[177] Bei der Rechtsprechung dagegen gibt es für eine Entscheidungsfreiheit keinen Raum. Der Richter hat das gesetzliche Recht anzuwenden. Abstrakt gesehen gibt es im Grunde immer nur *eine* gerechte, «d.h. vom Recht geforderte und dem Recht entsprechende Strafe»[178]. Von Rechtssetzung kann hier keine Rede sein. Nach Erkenntnis eines konkreten Falles hat der Richter nur noch die Möglichkeit, das darin liegende Recht oder Unrecht auszusprechen. Dies ist nicht eine Frage seiner Gewissensentscheidung, sondern eine Frage der Gesetzesanwendung.

Auf diesem Hintergrund kommt Lüdicke zu der Auffassung, daß die Tätigkeit des erkennenden Richters im kirchlichen Gericht möglicherweise überhaupt nicht als Ausübung von geistlicher Vollmacht verstanden werden muß.[179] Jede pastorale Tätigkeit hat mehr mit einer mit dem Weiheamt verbundenen richterlichen Gewalt zu tun als dieses Richteramt. Auch dieser Lösungsvorschlag ist für unseren Kontext interessant und zeigt deutlich, wie man sich schon bei dieser Frage drehen und wenden mußte, um ja nicht die Zulassungsbedingungen zum Weiheamt zu lädieren.

Beide Autoren gehen von der Voraussetzung aus, daß die «sacra potestas» des Ordo nur den Ordinierten vorbehalten ist. Hinsichtlich des Richteramtes können sie nur deswegen zu unterschiedlichen Ergebnissen kommen, weil Aymans die richterliche Ausübung zu dieser Vollmacht zählt, während sie Lüdicke davon ausnimmt. Ihrer gemeinsamen Voraussetzung schließe ich mich an. Im Lösungsangebot ist mir Aymans sympathischer, weil ich die richterliche Tätigkeit bei aller vorgeschriebenen Rechtsanwendung doch in ihrer Einschätzung des konkreten Falles sowie in der Anrechnung wel-

177 Lüdicke, ebd. 341.
178 Lüdicke, ebd. 344.
179 Vgl. Lüdicke, ebd. 350.

chen Rechtsanteils auf welchen Praxisanteil für so formal und gewissensunfrei nicht halte.

Hier wird meines Erachtens zu künstlich differenziert, was übrigens auch in gegenwärtigen Lösungsstrategien seine Parallele hat: wenn man scheibchenweise von der Leitungsvollmacht des Ordinierten soviel seiner ureigenen Funktionen abschneidet, daß schließlich nur noch ein fleischloses Knochengerüst übrig bleibt, während das «Fleisch» die Laien in ihren Funktionen übernommen haben. Man definiert soviel an bisher den Priestern vorbehaltener Tätigkeit von diesen weg, daß nur noch Unterschriftskompetenz und Sakramentenspendung übrig bleiben. Oder umgekehrt: Man erklärt bisherige Aufgaben des Priesters für gar nicht so wichtig und überläßt sie dann nach ihrer Abstufung den Laien. Wie unbefriedigend ist doch dies alles. Und wie befriedigend wäre dies alles zu lösen, wenn Männer und Frauen ins Weiheamt aufgenommen würden, die jeweils die entsprechenden Charismen und Kompetenzen für die ganzheitliche Ausübung eines entsprechenden Leitungsamtes, sei es in der Gemeinde, sei es im kirchlichen Gericht, mitbringen und verwirklichen.

Analog zu dem von A.Gommenginger gemachten Ausspruch: «Kann vielleicht die Kirche alle Ehen auflösen, aber weiß sie es noch nicht?» könnte man auch hier sagen: Kann vielleicht die Kirche alle zum priesterlichen Amt zulassen, aber weiß sie es noch nicht? Wie der Würzburger katholische Kirchenrechtler R. Weigand überzeugt ist, daß die erste Frage positiv beantwortet werden kann, bin ich dies bezüglich der zweiten Frage. Dabei bezieht sich Weigand auf einen Tatbestand, der bislang mindestens so absolut vertreten wurde wie die Zulassungsbedingungen zum Priesteramt, nämlich auf die Unauflöslichkeit der Ehe. Weigand bemüht seine Argumentation aus der Analogie von Ordensgelübde und Eheversprechen. Die Dispenspraxis von Ordensgelübden ist keine Frage mehr. «Wenn unter den gegebenen Voraussetzungen jetzt die Dispensmöglichkeit vom Gelübde erkannt ist und praktiziert wird, sollte das auch im ganz ähnlich gelagerten Fall der Dispens von der Verpflichtung aus der Ehe so sein (können).»[180]

Zudem unterstreicht der Autor, daß man unterscheiden muß

---

180 R. Weigand, Wie unauflöslich ist die Ehe? Kirchenrechtsgeschichtliche Aspekte einer aktuellen Problematik, Manuskript des Festvortrags zum 85.

zwischen einer sittlichen Verpflichtung bzw. einer göttlichen Willensforderung auf der einen und der tatsächlichen Erfüllungsmöglichkeit auf der anderen Seite. Niemand hat das Recht auf Ehebruch oder Scheidung der Ehe. Aber wenn eine Ehe endgültig gescheitert ist, sollte dies die Kirche nach gründlicher Prüfung feststellen und «zugleich die bisher bestehenden Rechtsfolgen (evtl. unter gewissen Auflagen) aufheben und mindestens für den unschuldigen Teil eine neue Eheschließung gestatten.» Auf Dauer scheint dem Autor «so die Verkündigung der Frohbotschaft mit den sittlichen Weisungen Jesu und zugleich die Vermittlung des Erbarmens Gottes durch die Kirche besser möglich zu sein»[181].

Ich erwähne diesen interessanten Denkvorgang aus dem Eherecht, um deutlich zu machen, daß sich auch Kirchenrechtler mit dem geschriebenen Gesetz nicht zufrieden geben, sondern um eines menschlichen Umgangs mit den Gläubigen willen massive Änderungen einklagen. Nun geht es beim Zölibat weder um eine allgemeine sittliche Verpflichtung noch um eine Forderung des göttlichen Willens an kirchliche Amtsträger. Dies bezeugen schon die vielen prinzipiellen Möglichkeiten verheirateter Priester in katholischen (unierten) Teilkirchen sowie in besonderen Fällen (beispielsweise bei der Konversion evangelischer Pfarrer). Aber selbst wenn dies so wäre: Für die vielen tausend verheirateten Priester müßte endlich entsprechend gehandelt werden, nämlich daß ihr Scheitern hinsichtlich des Zölibatsversprechens kein Grund mehr sein darf, sie aus der priesterlichen Tätigkeit und Berufung zu entfernen.[182]

Es ist sicher überflüssig zu unterstreichen, daß ein hoher Prozentsatz derer, die im Priesteramt heiraten, auch im Priesteramt hätten bleiben wollen und bleiben würden. Ich bin durchaus der

Geburtstag des Bamberger Kirchenrechtlers Othmar Heggelbacher, 1992 in Bamberg, 15 (Dort findet sich auch das Zitat von A. Gommenginger).

181 Weigand, ebd. 17-18.

182 Man hört übrigens häufig das Argument: Die evangelische Kirche hat zwar (zumindest auch durch die Zulassung verheirateter Personen) mehr ordinierte Männer und Frauen, aber deswegen sind die Kirchen auch nicht voller, ja im Gegenteil. Dabei verkennt man allerdings, daß die protestantischen Kirchen eine ganz andere Tradition der Gottesdienstbesuche haben, in der die allsonntägliche Abendmahlsfeier kaum von besonderer Bedeutung ist und in der es das Kirchengebot, sonntags den Gottesdienst zu besuchen, nicht gibt.

konservativen Meinung, daß es für Ordinierte aus sakramenten-theologischen Gründen keine Laisierung geben kann. Mit dem Zölibat scheitert noch lange nicht die priesterliche Berufung. Man sollte deshalb die Rechtsfiktion aufgeben, daß nur Laien heiraten können. Es wäre zumindest ein erster Schritt, am Zölibat gescheiterte Priester die kirchliche Trauung zu erlauben und sie als Priester zu behalten.[183] Die «pastorale Kaltstellung verheirateter Priester» ist weder um der Betroffenen (Männer, Frauen und Kinder) noch um der Kirche willen zu verantworten und zu dulden.[184]

Nach den Aussagen des II. Vatikanums ist der Zölibat einerseits «in vielfacher Hinsicht dem Priestertum angemessen», andererseits ist er «nicht schon von der Natur des Priestertums notwendig gefordert» und gehört also nicht zum Wesen des priesterlichen Dienstes selbst (Priesterdekret Nr. 16). Von daher werden nach dem neuen CIC Priester, die heiraten, nicht mehr exkommuniziert, sondern suspendiert. Daß Betroffene in der Eucharistiefeier nicht «kommunizieren» dürfen, rührt (ähnlich wie bei den wiederverheirateten Geschiedenen) nicht von einer rechtsgültigen Exkommunikation, sondern ist in der juridischen Denkfigur des «öffentlichen Ärgernisses» begründet. Was aber öffentliches Ärgernis ist, müßte auch von der Öffentlichkeit her als dem Subjekt des Ärgerns definiert werden. Diesbezüglich kann sich der Sinn der Gläubigen durchaus verändern. In der Öffentlichkeit des Kirchenvolkes ist es mehrheitlich kein Ärgernis mehr, wenn wiederverheiratete Geschiedene zur vollen Eucharistiefeier zugelassen werden. Und unzählige Erfahrungen anläßlich konkreter Beispiele zeigen, daß es für die Mehrzahl der Gläubigen ein sehr großes Ärgernis ist, wenn gute Priester aus ihrem Dienst entfernt werden, weil sie heiraten wollen. Hier zeigt sich einmal mehr, wie sich ein traditioneller Begriff vom Leben entfernt hat und deshalb auch gegen das Leben eingesetzt werden kann.

Nimmt man also die Aussage, daß der Zölibat nicht zum Wesen des Priestertums gehört, und den Geist der Gläubigen in ihrem tatsächlichen «öffentlichen Ärgernis» zusammen, dann legt sich

---

183 Unter den gegebenen Umständen bin ich selbstverständlich für die (menschlich nötige, aber theologisch falsche) Laisierung, damit die Betroffenen nicht exkommuniziert werden und gültig heiraten können. An sich ist dies aber eine nicht haltbare und nicht notwendige Praxis.
184 Vgl. Schillebeeckx, Identität 288-305.

für die kirchliche Entscheidung nahe, verheiratete Priester in ihrem Dienst zu behalten, mit der Ermutigung aus dem Priesterdekret: Die heilige Synode «ermahnt ... voll Liebe diejenigen, die als Verheiratete das Priestertum empfingen, sie mögen in ihrer heiligen Berufung ausharren und weiterhin mit ganzer Hingabe ihr Leben für die ihnen anvertraute Herde einsetzen.» (Nr. 16) Die Adressaten wären dann auch diejenigen, die als Priester geheiratet haben.

Nicht wenige Pfarrer sind schon jetzt bereit, in Solidarität mit ihren Gemeinden neue Wege zu suchen und zu erproben, wenn es beispielsweise darum geht, einen verheirateten Priester in den pastoralen Dienst aufzunehmen und selbst zu bezahlen. Sie tun das nicht aus Ungehorsam dem jeweiligen Bischof gegenüber, sondern aus dem Gehorsam heraus, den sie der pastoralen Verantwortung schuldig sind. Es gibt Situationen, in denen der Gehorsam gegenüber der Kirche mit dem Gehorsam gegenüber dem Bischof kollidiert. Die Priorität für das pastorale Gewissen ist dann klar.

X
Ausblick:
Sieben Thesen und Ermutigungen

1. Wenn es um das kirchliche Amt geht, geht es um die Macht in der Kirche, um ihre Strukturierung und Realisierung. Prüde Berührungsängste hinsichtlich der Macht nützen niemandem. Es geht darum, sie zum Wohl der Menschen zu gebrauchen, besonders aber zugunsten der Ohnmächtigen. Wenn es um das kirchliche Amt geht, geht es nicht um alle möglichen fachlichen Führungspersonen, ökonomische oder andere Leitungsorganisationen, Verbandsvorstände und professionelle Managements in der Kirche (die in ihren Kontexten durchaus nötig sind), sondern um jenes «geistliche» Amt, das diese Führungsgremien auch dann nochmals vom Reich Gottes her provoziert, wenn sie inhaltlich leerlaufen, oder in ihre Grenzen verweist, wenn sie beispielsweise Minoritäten verachten.

Nicht die kategoriale Führung einzelner Bereiche konstituiert das kirchliche Amt, sondern die «transzendentale» Verantwortung für das Ganze der jeweiligen kirchlichen Sozialgestalt (von der Gemeinde über Diakonieeinrichtungen bis hin zur Diözese). Deshalb ist dieses Leitungsamt an den Vorsitz in der Eucharistie gebunden, weil die Kirche in diesem Sakrament ihre inhaltliche Erinnerung, ihren christologischen Grund und ihre eschatologische Einheit findet. Das kirchliche Amt kann von dieser inhaltlichen Bestimmung nicht getrennt werden. Soziologie und Ekklesiologie des kirchlichen Amtes bilden vielmehr eine ineinander verschränkte, «perichoretische» Einheit.[185] Das Eucharistierecht hat notfalls Vorrang vor dem Weihedefizit der gemeindeleitenden Person.

---

185 Institutionssoziologische Überlegungen und Methoden werden dadurch nicht unwichtig, sie können aber nicht die Gestaltung des kirchlichen Amtes verantworten, als könnten einer formalen Führungssoziologie erst sekundär inhaltliche Ziele vorgespannt werden. Sonst hätte im Extremfall eine möglichst effektive Managementriege Vereinsleitungen und Publik-Relationes-Struk-

2. Wenn es um das kirchliche Amt geht, geht es auch um das Korrektur-, Kritik- und Kontrollrecht derer, für deren Mündigkeit im Glauben und für deren Ermutigung im Handeln das Amt einsteht. Konstruktive Macht ist ein wechselseitiges Geschehen und entwirft sich von denen her, für die sie da ist. Ansonsten wird sie belanglos oder bezieht ihre Wirkung von einer einseitigen entfremdenden Gewalttätigkeit. Subjekt der Kirche und der Pastoral ist demnach das ganze Volk Gottes. Das Amt wird die Gläubigen befähigen, eigene Schritte und Wege zu gehen. Es würde seine eigene prophetische Aufgabe ad absurdum führen, würde es nicht die prophetische Kraft der Gläubigen - wenn es sein muß, auch gegen sich selbst - wollen und unterstützen. Wie die zwei Punkte einer Ellipse brauchen sich im Volk Gottes die Gläubigen und die Ordinierten in gegenseitiger Spannung zugunsten einer immer qualifizierteren Nachfolge Jesu in der Geschichte. Beide Anteile des Volkes Gottes bilden die «Unruhe» im Zeitwerk der Kirche zugunsten des Reiches Gottes, eine Unruhe, die nicht zuläßt, sich an einer Stelle endgültig einzurichten und mit dem Erreichten zufrieden zu sein. Beide wetteifern im Kontext der «Zeichen der Zeit» um die je notwendigen Optionen.

Auch im Leitungsteam selbst ist eine solche «Unruhe» gegeben, wenn PresbyterIn und DiakonIn, beide auf priesterlichem Niveau, die entsprechende Verantwortung innehaben. Eine darüber hinausgehende Leitungsperson, die sozusagen über den presbyteralen und diakonalen Aemtern steht, muss im Regionalbereich der Gemeinden nicht postuliert werden. Duale Strukturen, die sich wechselseitig tragen und kritisch ergänzen, sich schützen und gemeinsam die insgesamte Identität der Gemeinde im Blick haben, sind auf dieser Ebene jedenfalls grundlegend - unbeschadet der Notwendigkeit, daß es für größere territorial-diözesane oder personale Einheiten das Bischofsamt gibt, welches auf teilkirchlicher

turen aufzubauen, um damit jede beliebige Inhaltlichkeit zu sozialisieren und zu transportieren, in diesem Fall christliche Inhalte. Die beanspruchten sozialen Strukturen und Medien allerdings hätten dabei ihre eigenständige Dynamik, die sich wenig von den Inhalten des Evangeliums affizieren ließen. Man wählte dann möglicherweise ein Transportmittel, das die kostbare Ladung zwar effektiv weiter bringt, aber gleichzeitig zerbricht. Kirchliche Amtsführung ist deswegen nur dann gegeben, wenn ihre sozialen und medialen Formen von den Inhalten selbst durchdrungen und gestaltet sind.

Ebene noch einmal mit eigener Verantwortung für den entsprechenden Austausch nach innen und nach außen sorgt.

3. Die Ordination ist auf die Lebenswirklichkeit einer konkreten Gemeindeleitung zu beziehen, und umgekehrt. Dafür braucht es vorhergehende Erfahrungsprozesse, in denen Menschen erleben, daß sie so etwas können und wollen. Dies gilt für die Personen, die sich in der Gemeinde als leitungsverantwortlich herausbilden (in der Regel werden solche Prozesse drei bis fünf Jahre benötigen), dies gilt auch für die Personen, die in Seminarien, an Theologischen Hochschulen und an Fachhochschulen ausgebildet werden. «Wenn ich das gewußt hätte, was da auf mich zukommt ...!» ist ein nicht seltenes Wort im Munde von Priestern nach ein paar Jahren Berufstätigkeit. Das Priesterbild der Ausbildung ist zu individualisiert auf eine selbstgenügsame Spiritualität des Priesterstandes und von Anfang an zu wenig gemeindebezogen. Viele entdecken erst spät und manche zu spät, daß sie sich zu schnell entschieden haben. Und so haben wir einen beträchtlichen Prozentsatz an Priestern, die in «kategoriale» Tätigkeitsbereiche abwandern. Von daher gibt es schon so etwas wie Ordinierte, die von ihrer Tätigkeit her gar nicht ordiniert sein müßten (z. B. in Verwaltung und Schule).

Umgekehrt wird man aber Möglichkeiten einer zeitlich befristeten Gemeindeleitung (nicht zu verwechseln mit einer zeitlich befristeten Weihe) auch den künftigen ordinierten Frauen und Männern nicht entziehen, nämlich nach einem längeren Zeitabschnitt wieder in «Reih und Glied» der Gemeinde zurückzukehren, die Weihe «ruhen» zu lassen oder andere Aufgaben zu übernehmen (um vielleicht später wieder anderswo oder in anderer Form in die Leitungsverantwortung einzusteigen). Dabei können auch die unterschiedlichen Lebensphasen der Menschen ernst genommen werden. Zu dieser zeitlichen darf auch die örtliche Relativität kommen: nämlich kirchliche Sozialformen zu wechseln, auch zwischen Diakonia- und Martyriabereiche (bei entsprechend zusätzlich expliziter diakonaler bzw. presbyteraler Weihebeauftragung).[186]

---

186 Wenn auch nicht ausdrücklich verhandelt, so dürfte doch klar geworden sein: Die Änderungen der Zulassungsbedingungen wie auch der Herausbildungsvorgänge von Personen für das kirchliche Amt tangieren nicht die apostoli-

4. Auch wenn es in diesem Buch um das kirchliche Amt ging, sollte über die thematische Beschränkung hinweg nicht übersehen werden, daß der Sinnhorizont dieser Ausführungen das Gottesvolk bzw. die Gemeinde ist. Es geht also nicht um eine neue Priesterzentrierung, sondern um die Konzeption und die Gestaltung eines Weiheamtes, das die Subjekthaftigkeit des Gottesvolkes ernst nimmt und aufbaut. Mit der Veränderung des Amtsbildes und der Zulassungsbedingungen werden sich in solchem Kontext wohl auch die Gemeinden verändern, wahrscheinlich werden wieder kleinere Gemeindeformen entstehen, bis hin zu Sozialgebilden auf nachbarschaftlichem Niveau oder auf intentionaler Basis (im Sinne einer bestimmten christlichen Option und Praxis) im regionalen oder auch überregionalen Bereich (vielleicht ab 100 bis 200 Personen aufwärts), bis hin zu den diakonischen Kirchenbildungen und Institutionen, z.B. in der «Kirche als Asylbewegung»[187], in Gruppierungen des Caritasverbandes oder auch in der Ökumene des konziliaren Prozesses[188]. Je mehr ordinierte Personen auch für solche Bewegungen und Gruppen zur Verfügung stehen, desto mehr wird es zu einer volksnahen «Demokratisierung» des Weiheamtes kommen.

Dabei geht es auch um eine bleibende Vielfalt der Gottesdienste. Die Verbindung von Leitungsamt und Eucharistiefeier ist in keiner Weise quantitativ gemeint, als ob es nicht (auch am Sonntag) viele andere liturgische Formen (auch ökumenische) geben sollte, die auch von Laien geleitet werden. Wichtig ist nur, daß die

sche Sukzession der Bischöfe: Weiterhin hat nicht etwa die Gemeinde, sondern allein der Bischof (oder in Zukunft die Bischöfin) das Recht, geeigneten KandidatInnen die Hand aufzulegen. Diese Bestätigung ist nicht zuletzt auch deswegen wichtig, damit die kirchlichen Sozialformen nicht ein klüngelhaftes Eigenleben führen, das sie selbstgenügsam von anderen Kirchenformen absetzen könnte. Jede Gemeinde braucht immer wieder nicht nur ein Eigenleben, sondern auch den Austausch mit der Kritik und den Ideen anderer Gemeinden und kirchlicher Institutionen, insbesondere auf der Ebene der Diözese. Immerhin geht es nicht nur darum, daß entsprechende Personen im Amt ihren Gemeinden nahe sind, sondern auch darum, daß sie kritische Distanz zu letzteren entwickeln können, nicht zuletzt durch ihre Außenkontakte.

187 Vgl. R. Krockauer, Kirche als Asylbewegung. Diakonische Kirchenbildung am Ort der Flüchtlinge, Stuttgart 1993.
188 Vgl. Ch. Bundschuh-Schramm, Pluralität und Identität. Ökumene im konziliaren Prozeß, Stuttgart 1993.

Eucharistie ihre gemeindetragende Qualität behält, in der die Gemeinde in erlebbar kontinuierlichen Abständen ihre eigene Einheit zu feiern vermag. In Diakoniebereichen sollte man daran denken, die Liturgie der Fußwaschung als eigene Gottesdienstfeier einzuführen. Vielleicht wurde die Fußwaschung deswegen nicht zum Sakrament erhoben, weil sie nicht als eine vom Alltag abgehobene symbolische Feier identifizierbar ist. Echtes Sakrament zum Heil der Menschen wird sie erst, wenn sie aus einem konkreten diakonischen Vollzug heraus geschieht und in diesen hinein als dessen gottesdienstliche Bestärkung und Vertiefung erfahren wird.

5. Eines meiner wichtigsten Motive für dieses Buch war und ist das Leiden vieler meiner priesterlichen Mitbrüder an einem für sie destruktiven pastoralen Alltag. Ich möchte die Priester ermutigen, sich nicht grenzenlos immer neue Aufgaben aufladen zu lassen, sondern ab einer gewissen Grenze, die jeder selbst zu bestimmen hat, Widerstand zu leisten und nein zu sagen. Mit Herzinfarkten und Verkehrsunfällen ist dem Gottesvolk wenig geholfen. Jede spirituelle Überhöhung dieser Überforderungen ist eine Unverschämtheit. Die christliche Kreuzesmystik darf nicht derart verkleinert werden, daß sie für das Aushalten hausgemachter Notstände herhalten muß. Wenn eine Nachbargemeinde kirchenrechtlich «unversorgt» bleibt, wird sie daran – wie viele Erfahrungen zeigen – nicht zugrunde gehen. Erst dann wächst der Druck, endlich neue Wege zu suchen, in der Gemeinde selbst wie auch in den Ordinariaten. Als erster Schritt steht zumindest an, verheiratete geeignete Männer (viri probati) in den Ordo aufzunehmen.

6. Für die Laien im pastoralen und diakonalen Dienst ist es oft ärgerlich, daß erst eine solche Notsituation Anlaß dafür sein muß, daß sich für sie «notgedrungen» etwas verändert. Wenn es genug zölibatäre Priester gäbe, hätte man wohl bis heute wenig Verheiratete bzw. Frauen in den pastoralen Dienst aufgenommen. Aber so ist es nun mal: Theologische Ideen werden immer erst dann praxisrelevant, wenn sie in einen konkreten Leidensdruck geraten oder in einer Krise als Problemlösung erfahren werden. Dann allerdings ist es notwendig, die «Zeichen der Zeit» beim Schopf zu nehmen und mit einem «jetzt oder nie» die Initiative zu ergreifen. Für die Laien bedeutet die hier vorgeschlagene Ämtertheologie zugleich eine massive Einladung, ihre jetzige Tätigkeit ämtertheo-

logisch zu identifizieren und sich zu entscheiden, ob sie als Laien oder als (anonyme) Ordinierte ihren Dienst behalten bzw. verändern wollen. Der oft bedauerte Zustand, «Zwitterwesen» zwischen zwei Welten zu sein, wird wohl auch nicht selten als Nischendasein genossen, wo solche Entscheidungen noch nicht nötig sind. Die Entscheidung für eine Gemeindeleitung ist nicht leicht. Besonders wenn man Familie hat, wird man in der Ökumene bei den evangelischen Pfarrern und Pfarrerinnen in die Lebensschule gehen dürfen.

7. Insgesamt werden alle Beteiligten in der Pastoral, ob Laien oder Ordinierte, ob in Gemeindeleitung oder im kategorialen Dienst, ob in der Diakonie oder in den Pfarrgemeinden, sich gegenseitig gleichstufig behandeln lernen und jene «Hackordnung» verlernen, die immer wieder beklagt wird. Man darf verschiedene Ansichten haben. Es kann auch kein Zwang ausgelöst werden, sich einigen zu müssen, wo es nicht geht: Doch sollte dann in entfeindeter Koexistenz jeder bzw. jede an seinem bzw. ihrem Ort das Nötige und das Mögliche tun können.[189] So wird sich allmählich eine kooperative Pastoral herausbilden, die kein Klischeewort mehr ist für vertikale Unterordnungen. Wo es möglich ist, sollte man gemeinsam die Praxis von der je eigenen Theologie her bedenken, ihre Folgen betrachten und von daher wiederum die Theologie modifizieren. Genauso sollte auch mit den Gedanken umgegangen werden, die ich hier vorgeschlagen habe.

---

189 Vgl. R. Zerfaß, Menschliche Seelsorge. Für eine Spiritualität von Priestern und Laien im Gemeindedienst, Freiburg i. B. 1985.

Weiterführende Literatur

L. Boff, Kirche: Charisma und Macht. Studien zu einer streitbaren Ekklesiologie, Düsseldorf 1985.

H. Czuma, Macht gegen Dialog. Zum Widerspruch zwischen kirchlicher Metaphysik und demokratischem Diskurs, Freiburg (Schweiz) 1983.

E. Dassmann, Kirchengeschichte I. Ausbreitung, Leben und Lehre der Kirche in den ersten drei Jahrhunderten, Stuttgart 1991.

Ch. Duquoc, Kirchen unterwegs. Versuch einer ökumenischen Ekklesiologie, Freiburg (Schweiz) 1985.

U. Eigenmann, Am Rand die Mitte suchen. Unterwegs zu einer diakonischen Gemeindekirche der Basis, Fribourg/Brig 1990.

O. Fuchs, Dabeibleiben oder Weggehen? Christen im Konflikt mit der Kirche, München 1989.

O. Fuchs, Heilen und befreien. Der Dienst am Nächsten als Ernstfall von Kirche und Pastoral, Düsseldorf 1990.

O. Fuchs, Zwischen Wahrhaftigkeit und Macht. Pluralismus in der Kirche?, Frankfurt a. M. 1990.

B. Hamm/R. Weth (Hrsg.), Volk Gottes, Gemeinde und Gesellschaft (Jahrbuch für Biblische Theologie 7), Neukirchen-Vluyn 1992.

P. Hoffmann (Hrsg.), Priesterkirche, Düsseldorf 1987.

L. Karrer (Hrsg.), Handbuch der Praktischen Gemeindearbeit, Freiburg i. B. 1990.

R. van Kessel, Gemeinde am Leben. Ein theologischer Durchblick für Praktiker, Freiburg i. B. 1990.

E. Klinger, Armut – Eine Herausforderung Gottes. Der Glaube des Konzils und die Befreiung des Menschen, Zürich 1990.

F. Klostermann, Die pastoralen Dienste heute. Priester und Laien im pastoralen Dienst. Situation und Bewältigung, Linz 1980.

K. Rahner, In Sorge um die Kirche (Schriften zur Theologie 14), Zürich-Einsiedeln-Köln 1980.

K. Rahner, Strukturwandel der Kirche als Aufgabe und Chance (Neuausgabe mit einer Einführung von J.B. Metz; 1. Auflage 1972), Freiburg i. B. 1989.

K. Rahner, Vorfragen zu einem ökumenischen Amtsverständnis (Quaestiones disputatae 65), Freiburg i. B. 1974.

K. Rahner/P.M. Zulehner, «Denn du kommst unserem Tun mit deiner Gnade zuvor...». Zur Theologie der Seelsorge heute. Paul M. Zulehner im Gespräch mit Karl Rahner, Düsseldorf 1984.

E. Schillebeeckx, Christliche Identität und kirchliches Amt. Plädoyer für den Menschen in der Kirche, Düsseldorf 1985.

H.-J. Venetz, So fing es mit der Kirche an. Ein Blick in das Neue Testament (4. überarbeitete und erweiterte Auflage), Zürich 1990.

G. Virt, Epikie – verantwortlicher Umgang mit Normen, Mainz 1983.

R. Zerfaß, Menschliche Seelsorge. Für eine Spiritualität von Priestern und Laien im Gemeindedienst, Freiburg i. B. 1985.